Los Hermanos Mayores

Heberto José Borjas

A Guadalupe Márquez y al profesor Joe Molero

CONTENIDO

Los humanos han movido los hilos de los humanos
sin saber que ellos eran marionetas
de los "NO HUMANOS"

J.J. Benítez
El hombre que susurraba a los "Ummitas"

1

La primera vez fue cuatro días después de haberse mudado al nuevo hogar, una fresca y amplia casa de dos plantas junto a la de Augusto Rey. Casi a las once de la noche se dejó vencer por el sueño tras ordenar con su madre y las tías Criseida y Antera los últimos enseres de la cocina que aún les faltaban por sacar de las cajas de cartón. Apagó el televisor de su dormitorio, ya instalado para escucharlo mientras acomodaba sus cosas, y se tumbó en la cama para hallar la posición más cómoda para dormir, que era la misma de siempre, como un feto, apoyado en su costado izquierdo. Cuando se entregaba a la necesaria placidez nocturna sintió el repentino zarpazo de una energía más fuerte que él, que lo mantuvo inmóvil, porque apenas pudo entreabrir los ojos, sorprendido y asustado. Pero no vio a nadie más. Haciendo un esfuerzo descomunal despegó los labios y lanzó un alarido de socorro, y fue cuando se dio cuenta de que estaba sordo, porque experimentó la conmoción gutural, la vibración en su garganta, pero no podía escucharse, como tampoco podía escuchar el susurro del aire acondicionado, a sólo dos metros de él. Sabía que no estaba soñando, y eso aumentó su pavor, tratando sin éxito de despegar los brazos y agitarlos para ahuyentar aquella fuerza ignota, horrorosa, similar a una descarga de corriente eléctrica, que lo tenía trémulo e inerme como nunca antes en su pacífica y sosegada (casi monótona, diría él), vida de diecisiete años. Pero no sólo fue la fuerza sino los susurros que la sucedieron, cuando la penumbra del dormitorio se tornó densa y sofocante. Eran de voces masculinas que balbuceaban en jerga extraña, con una cadencia que parecía regaño o de llamada de atención, y fue lo único que oyó durante aquel trance. El corazón exageró sus pulsaciones cuando sintió en su cama el peso de un cuerpo que se sentó del mismo lado adonde él miraba con la incomodidad de tener los ojos casi cerrados. No eran su madre ni sus tías, pero se había sentado en su cama algo o alguien invisible, impalpable, pero inexorablemente presente. De entre los murmullos enrevesados distinguió una voz serena que lo llamó por su nombre, "Humberto, Humberto, ey, ey", y continuó diciendo algo de lo que él no entendió ni una sílaba, pues no era su idioma, ni la entonación semejaba a ninguna de las lenguas que conociera. De pronto y sin darse cuenta, dejó de poseerlo la fuerza, cesaron los balbuceos, no escuchó más su nombre y la presencia pesada en su cama se disipó. De inmediato volteó hacia su espalda para corroborar que nadie lo acompañaba. Aliviado y aun resollando, solo vio su lujoso armario de caoba con los afiches de sus ídolos de fútbol: Ronaldo, Maldini, Zidane, Ronaldinho, Henry. Entonces por fin pudo escuchar el leve zumbido del aire acondicionado y encendió el televisor para distraerse, manteniendo la idea de no dormir para no sucumbir de nuevo durante la vigilia del sueño. Se levantó a caminar dentro del cuarto, volvió a acostarse hasta que sin querer se quedó dormido con el control remoto en el pecho y el ceño fruncido por el sopor y el miedo a los susurros, a la energía subyugante y a que lo llamaran sin que él supiera quién era ni sus intenciones.

En toda su sencilla existencia no le había ocurrido nada parecido, y en consecuencia, no había podido compartir alguna historia suya que hubiera asombrado a nadie. "Tengo una vida lineal", decía burlándose de sí mismo, "sin curvas ni desvíos". Ni siquiera por ser hijo único y el mayor de los nietos por la ramas materna y paterna pudo ser en algún momento el centro de atracción en las reuniones familiares (ni en mis fiestas de cumpleaños, diría él), salvo en su nacimiento y en sus días de bebé tranquilo, cuando todos lo cargaban, lo acariciaban y le hacían muecas chistosas. Incluso lo trataban con la leve impresión de haber conocido a un santo, a un niño que por alguna razón desconocida sería especial entre los hombres. Muy a su pesar (porque se le consideraba distinto de los chicos normales), siempre que se hablaba de él no era sino para mencionar virtudes: "Se ha graduado de bachiller en el Don Bosco con honores de *summa cum laude*", "Este muchacho es muy considerado, plancha su ropa y hasta lava los platos luego de comer", "Ni siquiera dice groserías". Humberto Parra era el tipo de hijo ideal para una viuda como su madre, Mercedes Martínez, quien a falta de problemas domésticos con él, mientras el chico fue creciendo fue descuidándolo por confiar en su buena fe y en su sentido común para alejarse de los peligros, aunque fuera por casualidad, que Humberto llamaba *causalidad*, a propósito ("porque las cosas ocurren con un orden que la mayoría no percibe", diría él). De modo que Mercedes quedó perpleja cuando su único hijo en pleno desayuno rompió los rutinarios temas de conversación matutina, o los silencios masticables de otras veces, para darle por fin una noticia distinta.

—Mami, anoche me pasó algo raro —dijo—. Escuché una voz que me llamaba y sentí en el cuerpo algo que me impidió moverme, me tenía tieso como un adobe.

—¿Es en serio? —preguntó Mercedes, mientras dejaba de masticar el pan—. ¿Qué más te pasó?

Y el muchacho hubo de describir el episodio con más detalles para tranquilizar a la madre. Entonces ella, repentinamente aprensiva, buscó con premura un vaso de agua y un crucifijo que sacó de una gaveta de la cómoda de su cuarto y se los entregó en las manos.

—Ponlos debajo de tu cama —dijo. Empezó a fumarse un cigarrillo, normal en ella cuando estaba nerviosa—. Y reza mucho, mi lindo.

Hacía tanto tiempo que Humberto no recibía un gesto simple de cariño de Mercedes, que cuando ella le dijo *mi lindo* y lo abrazó con la ternura exagerada de los momentos más imperiosos, él se solazó con el pecho caliente de su madre respirando copiosamente mientras ella reposaba el mentón con suavidad sobre su cabeza y frotaba la espalda magra, como tantas veces él había querido en sus ratos insufribles de soledad, cuando le dio por hablar solo y refutarse las ideas de viva voz imaginando escenas no vividas que incorporaba a su cotidianidad, cuando ya no le bastaba practicar con la trompeta (su instrumento musical favorito, que en un caprichito de niño rico pudo costeársele) dos horas al día, ni repasar en los textos después de la cena lo que le enseñaban por la mañana en el colegio, ni ir a jugar futbol cerca de su casa con los muchachos de su misma calle, donde no tenía otra posición que la de arquero por sus envidiables reflejos, su agilidad de bestia de caza y su instinto para anticipar y repeler los ataques del equipo contrario. Sin embargo, no la extrañaba tanto en las tardes enteras en que yacía acostado en el sofá principal de la sala a leer novelas, los libros polvorientos y de hojas amarillentas con las portadas medio desprendidas (poemarios de Neruda, García Lorca, las primeras novelas de García Márquez, la filosofía de Nietzsche), y también los nuevos, los de autores noveles, cuyas páginas tenían para él un olor cautivante, sobre todo aquellos sobre platillos voladores extraterrestres, que los había bastantes en la biblioteca de su padre, Rogelio Parra, quien antes de morir, le heredó el hábito pacífico y no tan costoso de la lectura hasta el punto de acumular durante una vida de sólo cuarenta y cinco años un arsenal de libros que, de haber sido ladrillos, hubiesen servido para construir una casa tan espaciosa como la que Humberto y su madre recién habitaban. "Todo lo que te he enseñado, y más, está en esas páginas", le dijo en su lecho de muerte, tres semanas antes de que un cáncer de garganta lo hiciera desaparecer físicamente, cuando Humberto sólo alcanzaba los catorce años de edad, "Prométeme que buscarás más en esos libros". Y él lo hizo, más por seguir un consejo paternal que por avidez de conocimiento, pero tras una compilación de la obra de Sor Juana Inés de la Cruz y un libro de cuentos de Cristina Peri Rossi se convirtió en su pasión predilecta y la distracción adecuada para su tedio habitual.

Sólo interrumpía sus sagradas horas de lectura jugando en las tardes las partidas de fútbol en el Parque del Este. La mudanza solamente lo había alejado tres cuadras de su habitual cancha de encuentros futbolísticos. Siempre iba a pie desde su casa ya con su pantaloneta puesta y sus medias hasta las rodillas. El camino duraba casi veinte minutos. Bajaba hasta la Plaza Francia de Altamira, pasaba el edificio Cavendes, el Centro de Arte La Estancia, y a la altura del Centro Plaza siempre se encontraba con Arístides, quien siempre decía que se disponía a buscarlo a su casa. Así fue aquel sábado soleado.

—¡Epa! ¿Cómo estás? —saludó Humberto.

—Bien, hermano – contestó Arístides—. Espero que tú también. Iba a llegar a tu casa. ¿Listo para la acción?

—Vamos a caminar rápido, que me está quemando el sol.

Arístides sacó algo de un bolsillo, le puso la mano en el hombro y le dijo con las pupilas fulgurosas, exaltado por la sorpresa que daría:

—Aquí tienes, hermano, para que los estrenes hoy mismo.

Eran guantes de arquero, con el relleno de goma espuma y su cierre graduable, como los usados por los profesionales. Eran confortables y de mejor calidad que los desgatados que tenía Humberto, que incluso, gustaba de jugar su posición con las manos desnudas.

Gracias, de verdad – dijo él—. Pero no hacía falta porque yo iba a comprarme un par nuevo.

—Ahora puedes usar ese dinero para otra cosa – dijo Arístides, y agregó con jovial ironía—. ¿Me los vas a despreciar?

—Por supuesto que no. Aunque no se me ocurre cómo devolverte este favor.

—No te preocupes por eso. Los favores no deben hacerse esperando que nos los paguen algún día: deben hacerse porque nazcan del corazón, porque ayuden a quien los necesite. Lo importante es que pares muchos goles con ellos. Espero que no los míos.

Humberto estaba acostumbrado a las consuetudinarias dádivas de Arístides. Con incómoda frecuencia recibía favores y regalos que en las últimas veces él agradecía con vergüenza, pues consideraba injusto que en un año y medio que tenían de amistad Arístides no había necesitado nada en que Humberto hubiera podido ayudarle. En el junio pasado, Arístides le dio de regalo de cumpleaños una camiseta original de su equipo favorito del calcio italiano: *Juventus* de Turín. En noviembre le entregó dos boletos para asistir al Festival Nacional de Jazz, que ese año se presentó en el Aula Magna de la Universidad Central de Venezuela, y donde estuvieron los mejores trompetistas del país haciendo solos admirables. Al recién graduarse de bachiller en el Colegio Don Bosco, recibió de Arístides ocho libros de J.J. Benítez, su autor favorito sobre investigación del tema ovni, y hasta llegó a invitarlo en reiteradas veces a darle su mejor obsequio en lo alto del ancho cerro El Ávila que bordea la ciudad al norte, de noche, pero Humberto se rehusaba sonrojado aduciendo, como siempre, que no tenía cómo pagarle tantas demostraciones de afecto, que se sentía en extremo endeudado con él. "La propuesta aún se mantiene", decía Arístides, "tú sólo dime cuándo y vamos juntos". En uno de aquellos corteses rechazos Humberto por fin estalló de curiosidad.

—¿En qué consiste el regalo? —alzó la voz, impaciente por tanto misterio.

—Acompáñame. Es un lugar del cerro que yo he bautizado como *La Colina*, a secas. Lo interesante es lo que puedes experimentar allí y por eso quiero llevarte —dijo Arístides, y agregó guiñándole con un guiño—. Para darte una pista, apenas puedo decirte que podría marcar tu vida, no lo olvidarás y querrás repetir la experiencia.

Humberto siempre dudaba. No quería desconfiar de la buena fe de aquel larguirucho sonriente que se había ganado su simpatía por demostrar humildad y sensatez, pero el talante tan persuasivo de Arístides a veces le parecía más de un delincuente embaucador que de un amigo sincero. Se sentía casi acosado. Y aquella vez fue conciso para cortar para siempre la propuesta que tanto lo incomodaba.

—Cuando yo te diga, iremos — dijo con el tono serio de sus sentencias invariables—. Mientras tanto, no toquemos más el tema.

Arístides asintió dócil, enfático, y agregó cabizbajo que su petición era una orden, que no se preocupara, que lo disculpara si le había causado alguna molestia, pronunciando las palabras con tal atropello que Humberto le puso la mano en el hombro con ternura y le dijo que no estaba enojado. Le devolvió el guiño y creyó calmarlo con la promesa de que pronto le avisaría para ir juntos a subir El Ávila.

En la mañana siguiente Humberto consideró que el delicado rato con Arístides influyó en que tuviera el sueño justo antes de despertar en aquella mañana de tantas que tenía de vacaciones forzadas desde su graduación de bachiller. Estaba en un apartamento de poco espacio, sin lujos que resaltaran, de paredes blancas con cuadros de paisajes agrestes. Era de noche. De repente escuchó un silbido leve que lo inquietó y animó a salir hacia un pasillo con vista hacia la calle, bordeado de una cerca metálica de protección. Vio decenas de puntos rojos en el cielo, de vistosa incandescencia, que empezaron a crecer, a acercarse, hasta que el estupor y la belleza de la escena le entumecieron los ligamentos y no le permitieron moverse, porque los considerados puntos rojos eran naves voladoras que arribaban a los edificios, de donde salía gente aterrada escapando de los discos metálicos (o así le parecieron) con lucecitas giratorias rojas alrededor. Humberto regresó temeroso al apartamento y se guareció tras la pared que dividía la sala de la cocina. Entonces entraron tres seres de forma humana, vestidos con ceñidos trajes y escafandras del color del plomo, mimetizados a los cuerpos flacos y de dos metros de estatura. Uno de ellos descubrió su cara y Humberto logró definir que la fisonomía asemejaba la de un vikingo inmenso salido las leyendas nórdicas, de melena larga y lacia. Era rubio, esbelto, como un sueco promedio de una calle cualquiera de Estocolmo. Era indudable: también tenía apariencia humana. Su angustia creció cuando notó que su bisabuela Nora estaba sentada en un mecedor de madera observando a los intrusos. Los tres visitantes registraron la sala y al llegar a la cocina, Humberto se resignó a que había llegado su fin, pero ellos pasaron por su lado sin reparar en él, aparentemente, igual que con su bisabuela. Fueron a los cuartos, a los baños, e indiferentes salieron al pasillo hasta donde se acercó uno de los platillos voladores para recogerlos. Sonó un repique de teléfono en la sala. Humberto dijo "Aló" y la voz de Arístides replicó preguntando que si se sentía bien. Humberto contestó con un *Sí* de auxilio, pero cuando le iba a explicar lo ocurrido minutos antes, despertó. En aquel instante, aun con legañas en los ojos y bajo la sábana fría, se dio cuenta del obsesivo interés que tenía en el tema de los extraterrestres, y que Arístides era una de las mejores personas que había conocido, aunque se preguntó por qué en ese raro sueño estaba su bisabuela Nora, muerta diez años antes y presente en pocos de sus recuerdos vívidos.

En el desayuno del domingo Humberto le relató el sueño a su Mercedes. Ella, impredecible cuarentona de reacciones inconstantes ante las mismas situaciones, frunció el ceño opuestamente a cuando ocurrió el trance inusitado de Humberto, recién instalados ambos en la casa.

—Te lo he dicho muchas veces –dijo, hiriente–. Deja de malgastar el tiempo leyendo sobre extraterrestres, que te vas a volver loco.

—El tema me interesa – respondió Humberto, sin altivez, pero curioso por la oposición ciega que encontraba–. Además, yo preferiría que los llamaras Hermanos Mayores.

—Es que ese el problema: crees que existen – estalló por fin Mercedes, con ironía –. Muéstrame una prueba.

—Ay, mamá – dijo desesperado. La frustración de no sentirse entendido le impedía hilvanar una respuesta categórica. Miraba a su alrededor sin detenerse en ningún lugar–. No vamos a continuar como siempre.

—Pero, mi cielo, yo quiero que no te llenes la cabeza de esas locuras. En nuestra biblioteca hay muchos otros libros buenos que tratan de otras cosas.

Con controversias similares, Humberto se distanciaba de Mercedes, compartiendo la hora de la cena en absoluto silencio, estando juntos en el automóvil de ella, escuchando inmutable los monólogos de ella insultando al plomero cuando se dañaban las tuberías de la casa porque no fueron bien reparadas, cuando despotricaba contra los partidos políticos de oposición que criticaban ferozmente al presidente de la república en los medios de comunicación, cuando discutía por teléfono las vicisitudes de la industria petrolera desde la Gerencia de Planificación de PDVSA que dirigía con total justicia y respeto por sus subalternos, porque el muchacho no percibía ningún viso de comprensión de su madre si divergían en cualquier asunto. Ella daba libertades como madre que tanto como confianza en el hijo podían interpretarse como apatía, nunca le negó una autorización para nada, pero no era de las que soportaban dar la razón al hijo por una simple premisa dogmática: dado que era mayor que él, la experiencia era una condición a su favor que siempre le daba la razón en una discusión doméstica. Y Humberto se afligía a escondidas por saberse incompatible con su venerada madre, con sus compañeros del liceo, con los vecinos de la urbanización, preguntándose cuán anormal era su personalidad para que a pesar de amar a sus semejantes (o intentar hacerlo con todo su empeño) se sentía tan lejano de ellos, tan complicado y preocupado por lo que sentía que otros ni se percataban, con dificultad para adecuarse a los estilos de la gente de su edad, para coincidir en los tópicos repetitivos de las conversaciones, en los gustos musicales y todavía más en la literatura, donde podía jactarse de mencionar los ciento noventa y ocho libros que había leído completos y recordando la última frase de cada uno de ellos, y sin embargo, nunca lo alardeó. Pero los escondites de su desazón no siempre correspondían a refugios del cuerpo. Podía abatirse de desconcierto mientras trotaba en las avenidas atiborradas de carros en las horas pico, o mientras hacía alguna lectura tediosa o hasta en el momento de tomar las comidas. Incluso, una vez, en una partida callejera de fútbol estaba tan abstraído en sus cavilaciones que a punto estuvo de ser arrollado por un motorizado intrépido que zigzagueó entre los jugadores y no se detuvo aun estando la pelota en juego. Así era la Caracas de principios del siglo XXI que le había tocado: impredecible, de habitantes fieles a la anomia, y los motorizados eran el más patente ejemplo.

Le inquietaba sobremanera su escasez de afinidad con Mercedes al borde del llanto y de la congoja a escondidas. "Dios, yo tengo la mejor disposición para ser amigo de todo el mundo", a menudo decía de viva voz, mirando el techo de su habitación acostado en su cama, intentando consolarse, "Pero ni siquiera con mamá lo he logrado. ¿Qué me hace falta?, ¿Qué debo hacer?".

Durante las vacaciones de agosto se mudó a la Caracas su tía paterna María Eufrasia junto a sus dos hijas María Alejandra y María Victoria. Regresaban de Puerto La Cruz, donde vivieron casi diez años hasta que María Eufrasia logró levantar su ánimo de vida luego de su reciente divorcio y de encontrar un nuevo aliciente en la religión yoruba. Lo primero que hizo al llegar fue visitar a su cuñada y a su único sobrino. Había vendido el apartamento donde convivió su familia y emprendió la mudanza de vuelta a su capital natal, de donde ahora decía que nunca debió irse por unirse en matrimonio con un hombre soso, pobre de espíritu (¿Cómo no lo noté cuando era su novia?, decía al contar su historia a Mercedes), y que además, según ella, tuvo el exagerado mal gusto de montarle los cuernos con una mujer fea y hasta más gorda que ella. "Sentí lástima de mí misma por permanecer muerta en vida tanto tiempo", dijo al reflexionar sobre su separación, "pero me he quedado con mis hijas, y ahora puedo considerarme una gorda feliz". Se había comprado una casa en la Transversal Cuarta de La Castellana con dinero de la venta del apartamento y con ayuda de algunos ahijados de santería a cuatro calles de la nueva casa de Mercedes, por lo cual se visitaban recíprocamente con más frecuencia y no como antes, cuando sólo se veían en las navidades o en las vacaciones escolares que empezaban en julio, y muy excepcionalmente en Semana Santa.

El interés de Humberto en aprender sobre la santería lo llevaba a formularle a María Eufrasia retahílas de preguntas sobre los collares coloridos, las piedras que representaban a los orishas y sus ofrendas de frutas frescas y golosinas, los rezos cantados en jerga africana al compás de las congas, chequerés y tambores batá en las jaranas ceremoniales donde estuvo presente en casa de su tía, contemplando fascinado el sublime fervor con que los invitados santeros entonaban las canciones de alabanza y degustaban las delicias que preparaba María Eufrasia para la comilona de la fiesta. Porque esto sí es tremenda rumba, diría él.

María Eufrasia siempre consideraba un antojo de adolescente necio que su sobrino quisiera hacerse santero, como si fuese la moda pasajera de engarzarse un *piercing* o dejarse crecer el cabello, a pesar de escuchar de él que todo lo que había leído y escuchado le enseñaron a admirar y respetar la fe yoruba y a asumir las enseñanzas de la religión como guía en su vida. "Quiero que me consultes con los caracoles", remataba al final. Ella le contestaba que sí, pero cuando lo tomara en serio, no como pasatiempo de zagaletón curioso.

—No lo digo en broma, tía —explicó Humberto la vez en que quiso justificarse con más ahínco—. María Victoria, que sólo tiene trece años, ya tiene collares y a mí no me oyes en serio.

Solía terminar sintiéndose así: con la ofuscación de sus ganas frustradas de ser escuchado, como si nadie atendiera su determinación. Consideraba que sólo Arístides comprendía y apoyaba sus puntos de vista, que concordaban en su apreciación de los deseos y vicios de la condición humana, y en las soluciones posibles para arreglar los problemas del planeta Tierra a través de la promoción de un nuevo y alternativo cambio de pensamiento cuyos principios fuesen el bien común, la evolución espiritual, para crear una conciencia colectiva que destinara la energía entera del planeta a alcanzar la armonía total, la suprema e irrenunciable conexión del hombre con el hombre, con la naturaleza y con Dios. Y por aquellos días Humberto creía que en la religión yoruba podía seguir dando pasos atinados hacia su desarrollo integral y así comprender a la humanidad tomando en cuenta la influencia en ella de la religión, de la fe en seres supremos, en otros espacios existenciales (el más allá, diría él), las adicciones mundanas, el apego a la carne y al plano material. Era éste el motivo constante de la pasión de Humberto. Sabía que el paso importante para no desviarse de la meta era llenarse de amor por todo y estar dispuesto a aprender lecciones. "La sabiduría nunca es completa porque siempre hay un día después con nuevas vivencias", decía él en sus monólogos furtivos.

El fin de semana lo pasó con una gripe que le quitó las ganas de jugar fútbol. La noche del sábado la hubiese dormido entera por el desgano de no haber sufrido aquel trance de nuevo. Yaciendo boca abajo en su cama de pronto se percató de la posesión, ahora estaba rendido ante la fuerza inmovilizadora, se aterró en el acto, movió los labios y pronunció socorro, mamá, ayúdame, pero ni siquiera pudo escucharse a sí mismo. La misma voz de la otra vez apareció imprevista, delicada, como de bisbiseo, para musitarle al oído izquierdo Humberto, tranquilo, no te preocupes, más él no quiso atenderla, hizo un sobrenatural esfuerzo para zafarse de la dominación tratando de ganar movilidad, hasta que lo logró en pocos segundos. Ya liberado encendió la lámpara del techo y escrutó expectante cada rincón del dormitorio convencido de no estar solo. Tembló de pavor. Se calmó viendo televisión hasta que amaneció y cuando el sol se proyectaba impetuoso por su ventana abrió la cortina para que entrara suficiente claridad. La luz matutina le inspiraba cierta confianza para poder dormir. A las once de la mañana del domingo Mercedes entró a la habitación del hijo y lo vio roncando, también a la una de la tarde, a las dos, y no fue sino a las tres cuando lo vio despierto y hambriento en la cocina.

—¡Qué buen descanso! —le dijo mientras le recalentaba el almuerzo: bistec encebollado, arroz bajo en sal, tostones y ensalada de palmito —. ¿Te quedaste dormido tarde anoche?

—Sí, pero fue porque volví a sentir lo mismo de aquella vez. Alguien me volvió a llamar por mi nombre y me quería decir algo, qué raro. Casi me oriné del susto.

—¡Ay, qué será eso! —se preguntó Mercedes. Ya empezaba a angustiarse.

—No sé, pero es muy fea la sensación. Y no puedo defenderme.

—¿Acaso sentiste alguna agresión?

Humberto detuvo el relato para pensar con mayor objetividad durante unos segundos. No, pensó. No notó violencia en la voz que le habló. Sin embargo, seguía sin poder explicarse lo avasallante de aquella energía, la causa de su aparición, y su propia actitud. Él, que estaba tan consciente de que este mundo no era sólo de materia sino también de lo que no se podía apreciar con casi ninguno de los sentidos, reaccionaba con aquella típica intimidación, más de animal que de alguien racional, de quien teme a lo desconocido.

—No —respondió, y enfatizó—. No me sentí atacado. Despreocúpate, mami. Quizás he tenido un sueño repetido.

A las cuatro y media estaba reposando en cama el malestar de la gripe. Se le habían congestionado las fosas nasales y tenía jaqueca. Miró el reloj de la pared y se dio cuenta de que ya debían de estar jugando fútbol los demás compañeros asiduos a las partidas. Leía un libro de Erich Von Däniken que presentaba investigaciones sobre grabados milenarios en cuevas que mostraban seres con cascos, naves venidas del cielo, presentando explicaciones sobre el misterioso origen de los hallazgos, esgrimiendo que parecían representar a seres de otros planetas en interacción con humanos primitivos y que habían sido registrados como dioses. Con aquella lectura había desoído la advertencia de su madre, que desdeñaba del autor europeo luego de investigar por Internet opiniones que acusaban al escritor suizo de estafar al público con mentiras bien maquilladas de atrayente misterio. Unos segundos después, oyó el timbre de la casa y Mercedes entró.

—Es Arístides —dijo—. ¿Le aviso que no puedes recibirlo porque estás enfermo?

—¿Por qué? Hazlo pasar. No me siento tan mal como para no conversar.

Mercedes, a regañadientes, abrió la puerta principal y encontró de frente los mismos ojos grandes y ovalados, la misma sonrisa que le parecía falsa de tan sincera que era, el mismo flaco de intachables modales saludando con las buenas tardes, señora Mercedes, qué tal está Humberto hoy, como en otros tantos domingos de fútbol. Ella le devolvió el saludo, desconcertada, altiva, desdeñosa. A pesar de rechazar que fuera amigo de su hijo sentía un interés casi paranoico por el misterioso muchacho, una curiosidad abrasiva por conocer qué escondía tan enigmática estampa en un adolescente tan diferente al promedio. Pero, según Mercedes, tanta compañía entre los dos jóvenes era complicidad más que amistad. Se hicieron innumerables las veces en que su hijo se iba de la casa y dejaba una nota como: "Salí con Arístides. Regresaré temprano". Sin embargo, Mercedes nunca se había atrevido a indagar en el cuarto del hijo, requisar su armario, revisar las gavetas en busca de un indicio de su pérdida del buen juicio influenciada por Arístides. Si aún no tenía razones para dudar entonces no lo fustigaría sobre su junta tan frecuente.

—Hola. Bien, gracias—dijo Mercedes. Siempre le aturdía mirarlo a los ojos. Se le erizaron los vellos—. Entra. Te llevaré a su cuarto.

Dios mío, qué me pasa, parece que este chico desprende un soplo de huracán a su alrededor, pensó Mercedes mientras caminaba escoltando al visitante. Arístides contempló sigiloso el entorno y corroboró la bonanza económica de la familia. Televisores de pantalla plana incrustados en soportes aéreos en los rincones, muebles costosos de acabados finos en la sala, cortinas de satén color miel en el ventanal largo que daba al patio trasero, cubiertos de plata mostrados por puro alarde en la vitrina del estante inmenso que exhibía fotos familiares de viajes por Times Square, la Plaza de Cibeles, la Torre Eiffel, las ruinas de Machu Picchu y las de Chichén Itzá, donde Humberto aparecía de varias edades. Escuchó de Mercedes que la lujosa vajilla la había traído su marido de unas vacaciones en Viena, hacía trece años. "Costaron mucho dinero", agregó, "por eso, gracias a mi cuidado no se ha roto ni un plato ni una taza". Acompañó a Arístides hasta la segunda planta. Los dejó solos en el cuarto, pero dejó la puerta entreabierta.

—Hermano, ¿Cómo te sientes? —oyó Mercedes que dijo Arístides. Estaba parada, en medio del pasillo de los dormitorios, pendiente de la conversación. Pero, avergonzada de sí misma por su desconfianza, se retiró hacia la cocina.

Humberto disfrutaba en demasía las visitas de su amigo. Escucharle hablar sobre el comportamiento humano siempre le dejaba moralejas que no entendía cómo no eran practicadas por toda la humanidad. Su sabiduría mostrada en cada tertulia despertó en Humberto admiración y luego amor por Arístides. Se solazaba con la cadencia teatral, con la voz suave y casi afeminada, los gestos moderados, pero sobre todo, con la capacidad asombrarlo con sus razonamientos impredecibles e imparciales, sin fanatismos.

—Sigo preguntándome en estos días por qué estamos los humanos en este planeta —dijo Humberto a quemarropa. Él solía hacerlo así para iniciar un tema interesante—. Y me he quedado pensando muchas cosas.

—¿Cuáles? —preguntó Arístides, también curioso. Siempre procuraba que su amigo iniciara exponiendo su inquietud.

—Me he puesto a analizar la reencarnación, la conciencia, le energía de la que estamos hechos, las religiones, la manera de interpretar a Dios, y todas las perspectivas me confunden. Las lecturas que hago tienen concordancias, pero también son difíciles de empalmar. Leo metafísica, la Biblia, física cuántica, autoayuda, historia y, para ser sincero, tanta información me tiene sin respuesta definitiva.

—¿Qué has entendido de tus lecturas?

—Yo creo que… bueno… ah… vamos a ver… No sé cómo empezar. Por lo menos me ha quedado claro que luego de esta vida carnal hay otro tipo de existencia, diversos paisajes. Déjame aclarar algo: creo que decir "luego" no es del todo exacto, porque según expertos en física cuántica, la percepción del tiempo que tenemos en el mundo es relativa, presente, pasado y futuro ocurren "simultáneamente", pero sólo tenemos reminiscencias del pasado. Me pregunto por qué no tenemos ese dominio de "recuerdos" del futuro. ¡Nuestro apego a lo que podemos percibir sin esfuerzo nos tiene ajenos a tantas posibilidades que podríamos experimentar! De todas maneras, cuando ocurre el paso de este plano a uno distinto, la conciencia, el alma, o como sea que pueda llamarse, se aloja en otra morada perentoria hasta que reencarna y continúa el ciclo.

—¿Y cuál es la razón de ser de ese ciclo?

—La evolución, ¿cierto?

—No estás perdido, pero te aconsejo que no estés pendiente del "qué" y el "cómo"; busca el "por qué". Te voy a ayudar: supongo que recuerdas que hace días hablamos sobre Platón. Él pensaba que existían dos mundos. Uno era el de las ideas, llamado *topos uranus,* y el otro era el mundo de los fenómenos, que ocurrían a semejanza de las ideas del otro mundo. Las ideas eran las directrices, los fundamentos eternos, perfectos, inalterables de las cosas, mientras que éstas eran las imitaciones fungibles e imperfectas de aquellas, ¿me entiendes?

—Mmm... Sí. Tengo que revisar mis lecturas sobre filósofos griegos.

—Entonces, para Platón la idea principal era la del Bien, que es la motivación de los actos que las personas consideran buenos. La búsqueda del Bien debía ser la finalidad de la Filosofía y, por lo tanto, la del hombre. Por supuesto, los científicos, los filósofos atacaron esta percepción aduciendo que existe una sola realidad, ante la imposibilidad de poder percibir el *topos uranus* con alguno de los cinco sentidos. San Agustín y Malebranche retomaron en sus estudios las enseñanzas platónicas. Pero, sobre todo, Platón en el siglo V antes de la era cristiana tenía, por lo menos, la intuición de que había otra realidad conexa a nuestra experiencia carnal y finita. Un "más allá", como suele llamarse. Y este es un conocimiento que la raza humana está llamada a aprender, más bien a redescubrir. Por eso no debemos desaprovechar este maravilloso chance de vivir en una época en que ya el hombre ha salido del oscurantismo ideológico en que estuvo atrapado por siglos y se tiene acceso a tantas verdades. Platón quería decirnos que venimos a este mundo con nobles ideales y propósitos que defender, que traemos de otro espacio información valiosa que esparcir por doquier. Sin embargo, ten en cuenta siempre que la vida parece haber sido diseñada para ciertos fines pero en verdad la existencia es tan sencilla y mágica a la vez, que la sola oportunidad de experimentarla ya es un privilegio inconmensurable. Unos piensan que vinimos a saldar deudas de karma, a sufrir los caprichos de algunos dioses; otros defienden que vinimos a aprender para acercarnos a Dios pero todas las teorías coinciden en un componente: el amor. Y de allí provienen la fe y la esperanza que dan aliento a los seres humanos".

"Me refiero al amor en todas sus manifestaciones: la compasión, la admiración, la ayuda incondicional, los buenos deseos, el sentimiento de la madre por el hijo, el del marido por la esposa. Siglos después, Malebranche, inclusive con más vehemencia y osadía, amplió los ideales platónicos y expuso que el conocimiento viene de Dios y que el alma siempre está unida a Él. Oye, también estaba cerca de la verdad. Entonces, agrego yo, el alma llega a la Tierra desde ese plano de sabiduría, luz y revisión de las experiencias carnales previas, y se fusiona con un cuerpo para que aprenda, siendo la experiencia un paso más en el Gran Ciclo de Aprendizaje.

—Y como tener el conocimiento es arduo desde la perspectiva humana las almas reencarnan sucesivamente —interrumpió Humberto-. Me parece lógico, pues una sola vida carnal no alcanza para aprenderlo todo, para llenarse de sabiduría y de amor, aún a costa de dar y recibir sufrimiento, dolor, miserias, llanto, odio, envidia, porque lo mejor de aquellas ideas del "más allá" no saldrían a prevalecer de no tener vivencias que pongan a prueba la fortaleza del alma o espíritu, llámalo como quieras.

—Si te digo que aún reencarnado mil veces no podrías comprender la magnitud del carácter del Padre Azul… ¿Seguirías sintiéndote perdido en tu búsqueda? Te dejo esa reflexión para que trabajes en ella. Por cierto, recuerda que uso los términos alma y espíritu con fines didácticos: los metafísicos, por ejemplo, no concuerdan con estos términos tan usados por los filósofos y religiosos. El problema, para no desviarme del tema, es que el camino hacia Él se hace muy largo porque los humanos se rigen por principios y sentimientos autodestructivos, y el daño que se hacen a sí mismos y a los demás deben repararlo en algún lugar, aquí o *allá*. Por ese motivo los defensores de la reencarnación pregonan que para continuar su evolución y la de quienes tienen karma con ellos deben regresar a la Tierra con otros cuerpos y en otras épocas, y que no es de extrañar que se reencarne en repetidas veces con las mismas almas de vidas pasadas.

—Pero si las almas reencarnan, ¿Por qué mientras pasan los años crece la población mundial? ¿Acaso hay gente que nace sin alma?

—Te lo responderé de la manera más fácil, yendo directo al punto: éste no es el único sitio donde se puede morar en este universo. En los otros planos existenciales la noción de tiempo no existe como se entiende en la Tierra, de modo que en ese *más allá* las conciencias viven con un cuerpo que no es como la materia que estás acostumbrado a apreciar, es de una sustancia muy fina, de luz, y dependiendo de tu evolución, el ambiente será cómodo y bello o agobiante y horrible, pero nunca se está eternamente allí ni es eterno ni parecido a los dogmas religiosos sobre el Cielo y el Infierno. Podríamos decir que ellos en verdad son una especie de continuación del paisaje actual pero teniendo la conciencia, la sensibilidad, el sentido común más elevados para que pueda entenderse lo que se hace en este plano, en estas encarnaciones. Entonces no olvides, y esto te parecerá contrario a la perspectiva prosaica prevaleciente sobre el sexo, que cuando se da la unión sexual entre hombre y mujer se afina más la conexión con ese más allá, porque es posible la concepción de una nueva criatura que tendrá la chispa divina del amor y la sabiduría de esa alma que albergará, pero eso debe descubrirlo en medio de las inminentes dificultades de la experiencia humana. Así toda experiencia tendrá mayor valor y el ejercicio del bien será toda una proeza plausible.

Casi al momento del ocaso, Humberto se había aliviado de la jaqueca y cerró la ancha cortina junto a su cama porque le molestaba el resplandor postrer del sol a punto de ocultarse. Mercedes tocó la puerta y de inmediato entró con la merienda en la bandeja de plata del estante que observó Arístides. Humberto se frotó las manos como gesto premonitorio de que todo lo que había en la bandeja estaría delicioso.

—Hoy cenaremos un poco tarde. Iré al supermercado —dijo Mercedes —. Por eso te traigo esto, para que aguantes un poco, hijo. Si quieres, Arístides, puedo llevarte en el carro hasta tu casa. Aprovecha, que ya voy a salir a hacer una diligencia.

—No se preocupe —dijo Arístides. Podía percibir el interés de Mercedes en no dejarlos solos en casa—. Ya me iba a despedir, pero me iré caminando.

—Como tú digas. Te acompaño hasta la puerta.

Humberto se dio cuenta del tono hipócrita en el que hablaba su madre, tanto así que sintió vergüenza ajena ante su amigo, pero éste lo despidió sonriente. Empezó a comerse todo lo que había traído Mercedes, exquisiteces hechas por ella misma en algunas tardes de ocio de fin de semana: galletas de avena y de ajonjolí, conservas de coco, dulce de lechosa y piña, manjar blanco. Pero detuvo tanto masticar al percatarse de que en todo el tiempo que tenía de amistad con Arístides nunca había visitado su casa ni sabía dónde se ubicaba. No le conocía ningún familiar, ni novia ni otro amigo. Así era Arístides: misterioso por falta de datos, huidizo cuando de asuntos personales se trataba. Sólo dejaba saber su nombre y la sabiduría que mostraba para la poca edad que aparentaba. Hasta de astronomía sabe, pensó. Recordó todas las veces en que Arístides alteraba las situaciones para no dar a conocer más sobre sí mismo, nadie sabía si estudiaba y mucho menos si se había graduado de algo, siempre decía que se iba caminando a su hogar, pero nadie en la urbanización ni en las demás cercanas lo conocía como vecino. Sin embargo, no podía negarse que siempre ofrecía su buen humor y madurez a quien necesitara de un chiste o un buen consejo, que tenía una lucidez asombrosa para analizar sucesos cotidianos, que los ojos, grandes, verdes y de cejas finas provocaban piropos de colegialas atrevidas en la calle. Quisiera saber cuál es su opinión sobre los Hermanos Mayores, pensó Humberto.

En la noche del martes se transmitió puntual en Venezolana de Televisión el programa que Humberto seguía con frenético fanatismo: *Fascinante Planeta.* No parecía tener mucha audiencia: nadie que conocía parecía siquiera tener conocimiento del programa en cuestión, de manera que comentar con alguien sus contenidos terminaba convirtiéndose en un monólogo, a veces soporífero para el oyente. Lo conducía la renombrada periodista Alicia Suárez Gabaldón, ganadora del Premio Nacional de Periodismo, el Monseñor Pellín entre otros reconocimientos dentro y fuera del país.

Mostraba testimonios e investigaciones sobre sucesos paranormales en diversas regiones del mundo con una imparcialidad profesional y respeto por el público que le valió a su conductora el prestigio que la hizo célebre en su gremio. Invitaba a quienes pudieran filmar o fotografiar acontecimientos anormales en el cielo a contactarla para difundir el material. "Por muy simple que sea", decía, "Quizás usted tenga en sus manos la prueba que nos hará creer o que dará la razón a los escépticos". Humberto trataba de no tener quehaceres entre las ocho y las nueve de la noche para sentarse en el cómodo sillón negro de cuero frente a la ancha pantalla de la sala y embelesarse a voluntad durante la hora entera. Siempre llevaba consigo un cuadernito y un portaminas para anotar lo que él llamaba "información digna de recordar". A veces Mercedes pasaba y lo veía a pocos palmos de la pantalla escribiendo sus notas, apreciando los reportajes con la boca abierta, encendiendo una grabadora junto a la corneta cuando el programa daba un especial sobre objetos voladores no identificados, abducciones, contactados telepáticamente por extraterrestres (o "supuestamente extraterrestres", como decía Alicia Suárez en la presentación para no perder el rigor periodístico). Así aprendió Humberto sobre los efectos creadores en el cosmos del Big Bang, que las pirámides egipcias de Gizeh estaban alineadas como las tres estrellas del cinturón de Orión (aunque los ángulos que marcaban no eran exactos), que Nostradamus había vaticinado guerras y personajes políticos con más de cuatro siglos de antelación, que la matriz de opinión dominante entre científicos e historiadores era que Jesucristo no había nacido ni en diciembre ni en el año 1 de la era cristiana, y que hasta de varias religiones aprendió doctrinas. Así se instruyó más en la santería; especialmente le interesaban las historias de los orishas porque, según entendió, de éstas provenían los significados de cada *orddun* o signo que manifestaba el *Diloggun*.

—¿Y qué es eso? —le preguntó Mercedes un miércoles por la mañana, tras la ráfaga de datos que le contaba Humberto. Todos los miércoles, al momento del desayuno, la fastidiaba contándole lo que había visto en el programa de la noche anterior.

—*Diloggun* se llama a los caracoles con los que se hacen consultas al santo —dijo Humberto.

—Entre Alicia Suárez y María Eufrasia te tienen pensando en pendejadas, hijo. Estás a punto de entrar a la universidad, donde deberás concentrarte en tus materias y no distraerte. Termina de madurar, niño.

Humberto calló, como en otras tantas veces, para no comenzar otra discusión que los dejara irritados. De inmediato, se levantó de su silla y se fue a su cuarto habiendo probado sólo un trozo de pan y un sorbo de café con leche. ¿Por qué contigo no se puede conversar?, se preguntó en silencio.

A pesar de las tenaces reprimendas de Mercedes, Humberto nunca dudó en querer difundir lo aprendido en sus lecturas y en sus charlas con Arístides, quien siempre fue la única persona que lo escuchaba con atención y lo arengaba en su propósito. Ya había advertido que no sería fácil hacer entender a la gente. Entonces llegó a pensar en repartir en la calle panfletos que conminaban a leer pasajes bíblicos y a autores de metafísica, y hasta llegó a imprimirlos en casa y mandó a sacarles copia por centenas. Armado de un morral inmenso y un envase de agua fría, salió por fin a la avenida Francisco de Miranda en sus horas más concurridas hasta llegar a Chacaíto, frente al viejo cine Broadway, y la extrañeza de los transeúntes que recibían los panfletos le arrancaba el aliento con la desesperanza de quien gasta el tiempo en vano. Tomaban el papel, leían superficialmente y tornaban el semblante a un asco mínimo, una seña de lástima, como si tuvieran enfrente a un demente, pero la explicación verbal, cara a cara, era la labor más ardua, casi nadie se detenía más de diez segundos a escucharlo, y sin embargo, Humberto nunca perdía el optimismo de hallar condiscípulos de sus creencias en mendigos arrastrados en algunas esquinas, adolescentes vestidos de negro con collares y pulseras plateadas, testigos de Jehová que también repartían panfletos, asalariados presurosos por llegar a su trabajos u hogares, tantos caminantes distraídos leyendo al paso o ensimismados en la música de sus audífonos, de modo que se acostumbró pronto a la indiferencia de la mayoría de sus receptores. De vez en cuando encontraba opiniones que con tanto ímpetu como él, le refutaban sus argumentos, y en ocasiones llegaba de regreso a casa al borde de un hondo pesimismo por no comprender cómo podía haber gente que rechazara los axiomas que él consideraba tan lógicos como la propiedad de ebullición del agua.

Una tarde de dominó con su nuevo vecino lo hizo dudar. Se llamaba Augusto Rey. Era regordete y de mediana estatura, de rostro rosado y cejas tupidas. Se ganó su confianza cuando una tarde vio a Humberto entrando a casa tras una partida de futbol y le comentó que si le interesaba un balón viejo Nike que éste ya no usaba. Por allí empezó una discusión sobre las diferencias entre las principales ligas profesionales de Europa y de allí pasaron a jugar *Playstation 2* en casa de Augusto, en las cuales Humberto recibía palizas tanto en futbol como básquetbol. El anfitrión animaba las partidas con cervezas heladas y chistorras fritas que mandaba a preparar a la empleada de su casa, lanzaba sus criterios a gritos cuando ya había bebido bastante, y nadie era capaz de callarlo ni disuadirlo. Tenía la misma edad de Humberto, pero era un muchacho de otros quehaceres, de metas mundanas, demasiado apegado a los placeres carnales, asiduo a discotecas los fines de semana, comía con una gula que lo hubiera llevado a la hoguera en tiempos de la Inquisición, gustaba demasiado de las mujeres y conquistaba sus compañeras del liceo con una actitud de cazador de bestias que le había merecido la reputación de chico muy vivido, de adulto precoz. Pero era honesto, en extremo sincero y justo para reconocer sus errores. Tales virtudes produjeron la empatía con Humberto, a quien vio siempre como su simpática antítesis. Un mes atrás, los vecinos de Augusto estaban vendiendo su casa a precio de remate ante una emergencia económica, y éste lo notificó a los vecinos del sector colaborándoles con unos carteles que el mismo pegó con engrudo. Humberto la vio de camino al Parque del Este y de una vez tocó la puerta para pedir información, de manera que visitó la casa aun habitada sin informar a Mercedes y sólo cuando los dueños se la mostraron y le gustó, se lo hizo saber a ella, previo compromiso con el propietario de cerrar el contrato, como si él hubiera tenido el dinero y la edad para hacerlo. Y dado que Mercedes vivía embullada por hallar una casa donde no cupieran la nostalgia de su viudez ni las viejas pertenencias el marido ausente, que fuese más fácil de limpiar, terminaron instalándose en aquella casa de dos pisos, con tres alcobas, tres salas de baño, tres puestos para aparcar los carros, patio trasero amplio con una mata de mango frondosa y un porche ornamentado con helechos colgantes, ubicada en la 8º Transversal de La Castellana, a sólo cuatro calles del hogar donde lidiaron con la agonía del patriarca que no logró vencer la batalla contra su mortal cáncer de garganta. El inmueble era igual de grande que la casa anterior. Mercedes quería escapar de tanta nostalgia, densa como el espesor de su cabello teñido de rubio, y Humberto quería complacer a su madre y leer buenos libros en el porche decorado con macetas de plantas frondosas. Se cerró el negocio en unos pocos días y la mudanza se efectuó de inmediato. En aquella partida de dominó, en la que recordaban de buen talante aquellas vivencias, Humberto desvió el tema para conectarlo con la reencarnación, alegando que los sucesos en el plano carnal no ocurrían por fortuna sino por el cumplimiento de la planificación que las almas hacían de sus futuras vidas antes de encarnar de nuevo, mientras estaban en el "más allá", como le gustaba nombrarlo para procurar que lo entendieran.

—No me sigas diciendo esas vainas. ¿Quién te ha hecho creer esos cuentos? Lo que afirmes apóyalo con pruebas —estalló Augusto.

—Pero, hermano, piensa sin descartar nada. ¿No te parece lógico que la conciencia evolucione a través de las encarnaciones?

—Esas son suposiciones tuyas, o lo leíste no sé dónde. Si quieres te mueres ya, y cuando ocurra, regresas como fantasma y me cuentas lo que te pasó, pero no pretendas convencerme con una corazonada, con tus ganas de que sea de esa manera. Me extraña de ti, que eres tan lúcido. Yo creo que luego de la muerte está el cielo o el infierno, y de allí en adelante, no tengo más conocimiento. Por eso prefiero tener la conciencia limpia para no sufrir si es cierto que hay un sitio donde siempre hace mucho calor, te fríen en pailas inmensas de aceite y el jefe es un tipo cornudo con cola larga y un tridente rojo en una mano. ¿Y tú vas a empeñarte en buscar lo que no podrás encontrar o asimilar desde este mundo?

—Deberías leer algunos libros que tengo y así cambiaría tu punto de vista. Juzga los testimonios de quienes se han sometido a terapias de vidas pasadas mediante hipnosis, de los que han sido declarados clínicamente muertos y han vuelto para contar su experiencia.

—¿Has considerado que esos testimonios sean producto de actividad cerebral mientras se está inconsciente, como las pesadillas? No te compliques la vida. Óyeme bien, yo creo en Dios, pero también supongo que Él debe ser lo suficiente sensato como para no confundir su reino celestial con el mundo de los mortales. Aquí es aquí y allá es allá. Si de todo lo que hablas en verdad existe, entonces sólo lo puede entender Dios. Tú eres católico y deberías respetar la doctrina de la jerarquía.

—Me bautizaron cuando tenía dos meses de edad. No podía negarme. Mi primera comunión fue a los diez años y aún no había leído sobre Jesús de Nazaret lo que sé ahora.

—Pero lo eres y punto. Tú sabes que la Iglesia no acepta la reencarnación, o por lo menos, de la boca para afuera. El misterio de Dios debe seguir siendo eso: un misterio. Y si hay interesados que se quemen las pestañas tratando de resolverlo, allá ellos. Quizás estén buscando para encontrar nada.

Humberto calló por algunos segundos sin hallar contestación. Augusto destapó otra botella de cerveza y lo miró sintiéndose triunfante en la polémica. Ya había olvidado de que le tocaba el siguiente turno en la partida.

—La sabiduría del Padre es una cosa y la interpretación de la Iglesia es otra —sentenció por fin Humberto, y agregó a modo de broma—: Cambiemos el tema, saduceo.

—¿Cómo me llamaste?

—Saduceo.

—Buscaré la palabra en el diccionario mañana, porque si descubro ahora que es un insulto, te boto a empujones de la casa. ¡No hablo en serio, chico! Dale, que es tu turno.

El viernes en la noche, enfundada en una de sus acostumbradas anchas batas coloridas para disimular la gordura y olorosa a talco para niños, la tía María Eufrasia tocó el timbre de Mercedes sonriente y excitada, como cada vez que hacía diligencias para las ceremonias de santería de las que era anfitriona. Ahora, una de sus hijas celebraría su santo yoruba sin reparos en gastos. Ya el vestido solemne estaba listo hasta sus últimos hilos, los animales comprados para el banquete, y los percusionistas y *babalawos* invitados para tocar los tambores y darle el prestigio de rigor a la velada.

—Vine a invitarlos al santo de María Alejandra, que será en casa de su padrino *babalawo* en Montalbán II, el viernes por la noche. Se iniciará con Oyá —dijo, y le extendió a Mercedes un papelito doblado—. Aquí está anotada la dirección exacta.

Mercedes respondió que iría gustosa, pero que quizás Humberto no a causa de un examen del curso intensivo de inglés que había tomado hacía dos semanas y para el cual debía estudiar muchas lecciones (falaz excusa, dado que Humberto hablaba un excelente inglés gracias a las películas gringas y a los discos de The Beatles, y el curso era un mero trámite para obtener un certificado). En aquel instante, él bajaba de las escaleras y pudo oírla.

—¿Por qué opinas por mí, mamá? —dijo incontinente, y se dirigió a su tía—. Cuenta con mi presencia allá.

Su madre se sonrojó y extendió ante María Eufrasia la acostumbrada sonrisa de nervios cuando se avergonzaba en público, y quiso enmendar su precipitación con tono tierno, pero fingido.

—¡Ah! Entonces si ya has estudiado bastante, iremos juntos, corazón —dijo.

Durante el resto de la visita Humberto se dio a interrogar a su tía sobre los ritos y costumbres yorubas que había visto reseñados un martes en Fascinante Planeta, por qué María Alejandra debía vestirse de blanco y raparse la cabeza, qué decían los cantos en lucumí al compás de los tambores batá (especiales para los rituales), cómo se determinaba el orisha de la guarda de su prima.

—Ay, muchacho, tú sí que jodes con tantas preguntas —se quejó María Eufrasia con aire jocoso—. Esas explicaciones requieren que seas mayor, para que la entiendas. Otro día será. Tengo que irme.

—Por lo menos cuéntame algún patakí, aunque sea breve.

—Está bien, breve. Te contaré éste, porque quiero que tú, que eres un muchacho extraordinario, captes la mejor moraleja:

"Orúmila, que era el adivinador de su pueblo, anunció un día que pronto llovería dinero, y así ocurrió. Luego predijo que pronto lloverían caracoles, a los que se les daba mucha importancia por aquellos días, y así ocurrió. La gente, que había recogido el dinero y los caracoles, decía que Orúmila era bobo porque sabía lo que iba a pasar y no se aprovechaba de nada, porque no recogió dinero ni caracoles. Luego, anunció que lloverían machetes, pero nadie fue a recogerlos, excepto el mismo Orúmila, que los recogió todos. Poco tiempo después empezó una guerra en la que se vio envuelto el pueblo, el bando enemigo decidió atacarlo pero nadie allí tenía armas para pelear. Entonces, todos tuvieron que comprarle los machetes a Orúmila con el dinero y los caracoles que habían recogido".

—Orúmila fue bastante precavido. Aunque también quizás ya sabía que ocurriría una guerra —razonó Humberto.

—Y más allá de la precaución y la paciencia, que son y serán siempre virtudes de sabios, el santo demostró que se puede tener bonanza sin que la avaricia empañe nuestra razón de ser, siempre que seas sagaz y honesto —dijo María Eufrasia. Adoptó un énfasis didáctico cuando advirtió que Mercedes, en el umbral de la puerta de la cocina, la escuchaba atenta—. Entonces, no te conformes con ver la realidad a corto plazo. Evita obsesionarte con el futuro, pero ver con un espectro amplio donde otros ven estrecho nos abre puertas a muchas posibilidades de bienestar y desarrollo. Y, por supuesto, no limites este criterio a casos de ganancia de cosas materiales.

La fiesta de iniciación de María Alejandra fue una jarana que comenzó al atardecer del viernes con la asistencia de viejos *babalawos*, amigos y demás miembros de la casa de santo de María Eufrasia.

Franklin Uzcátegui, el *babalawo* anfitrión de la velada, era el padrino de María Eufrasia desde hacía catorce años, quien la había iniciado cuando empezaba a reponerse de la depresión posterior al divorcio de ésta, cuando aumentó ocho kilos en seis semanas por un apetito compulsivo con el que intentaba mitigar la congoja de la separación pero seguía mustia por dentro y por fuera hasta que una vecina de su edificio le comentó que una prima suya celebraría su ceremonia de iniciación de Obatalá y la invitó a acompañarla. A partir de entonces, cuando le presentaron a varios *babalawos* egregios y fue testigo de los toques de tambor, bailes y cánticos de rigor, la curiosidad inicial se tornó en cuestión de pocos meses en simpatía por la fe yoruba, y un mes después conoció a Franklin en otra fiesta de iniciación, de quien al principio se sintió prendada por la sensualidad de aquel fortachón moreno de casi dos metros de estatura que parecía ser la encarnación del mismo Changó por su energía y estampa varonil, y de quien luego sintió admiración al corroborar su ética como sacerdote, como padre de los secretos, que según aprendió de su vecina, era el significado literal de la palabra *babalawo*. De Franklin recibió sus cinco collares básicos para luego recibir los guerreros (Oggún u Ochosi, dos deidades hermanadas, el primero señor de los metales y de las tragedias de la guerra, el segundo patrón de los cazadores, de los litigios y de la sanación) no sin antes instruirla en las reglas de Ocha, innumerables especificaciones para efectuar rituales y relatarle con lujo de detalles cada pataki sobre la vida de diversos orishas que en tres años la hicieron tan experta como era posible para una mujer con ese tiempo como practicante. De su padrino recibió la iniciación de Changó siendo sus hijas aún niñas que apenas terminaban la educación primaria y que se esforzaron a su corta edad para comprender aquel cambio espiritual y en el estilo de vida ocurrido a su madre. De modo que cuando María Eufrasia informó a Franklin Uzcátegui sobre el santo de María Alejandra, no puedo menos que felicitarla, sintiéndose honrado de ser su padrino. Ya se había mudado a Caracas dos meses antes al ser transferido de sucursal en la institución bancaria donde trabajaba.

Humberto y Mercedes llegaron a las siete en punto y ya desde la calle se escuchaba música bailable a todo volumen. Ella, refunfuñando (como era de esperar últimamente con cada contrariedad) que habían tardado más en estacionar el carro que lo que hubiesen tardado de haber ido a pie, debió estacionar a dos cuadras de la casa, de tantos carros enfilados que habían llegado más temprano, algunos hasta montados en la acera frente a casas de vecinos. No dejaban de mirar atrás de sus espaldas, conocedores de lo peligrosa que ya era Montalbán II con tantos atracos a mano armada y hurtos de carros a cualquier hora del día. Los invitados sentados en el porche colmaban el espacio causando incomodidad para entrar a la casa y llegar al cuarto donde estaba recluida la nueva *Iyawó*. Mercedes de inmediato dibujó en su semblante el desagrado por la multitud fanática que tenía alrededor, desconocidos vestidos de blanco, alardeando collares gruesos, riendo al ritmo que bebían cerveza fría y ocupando cada rincón mientras cuchicheaban sobre cualquier tema.

–¿Qué significa *Iyawó*? –preguntó, pero Humberto ni la escuchó, ya embelesado con el gentío que celebraba.

A diferencia de su hijo, Mercedes saludó con displicencia, sin detenerse con nadie, a pesar de que entre los invitados se encontraban algunos parientes de su esposo, viejos conocidos desde los años de universitaria. Cuando entraron a la cocina vieron por fin a María Eufrasia pendiente de los calderos humeantes en el fogón a máxima intensidad donde se guisaban los cabritos sacrificados en la ceremonia que en un rato serían servidos con arroz, tajadas de plátano maduro frito y ensalada de gallina. Humberto dejó a su madre para entrar al cuarto donde un tropel de santeros entraba y salía diciendo en voz alta diversas felicitaciones en lengua yoruba, que no comprendió. Vio bella a su prima enfundada en su traje blanco de falda larga y sin escote, de cuello alto y con un gorro del mismo color con adornos sutiles en brillantes (debe de dar un calor de horno industrial, diría él). Estaba parada en un altar con dosel forrado en blanco satén del cual pendían cortinas casi transparentes y de poca extensión. Lucía sonriente y con los ojos acuosos, dando gracias a todos los visitantes. Cada uno sacaba un billete de su bolsillo y lo depositaba en una cestita de mimbre situada a los pies del altar. Humberto hizo lo mismo por instrucción de Franklin Uzcátegui, quien advirtió que el chico no sabía qué hacer (sacó un billete de diez mil bolívares: el sacerdote le indicó que el dinero solamente simbolizaba la abundancia que se le desea al iniciado). Pero, por ignorancia, cometió la imprudencia de querer acercarse a María Alejandra y darle un beso en el cachete pero ella misma dio un paso atrás y le dijo que eso no estaba permitido pues apenas era el segundo día.

—Dime, prima, ¿ya te acostumbraste a tu cabeza rapada? —improvisó Humberto, para amenizar el ambiente tras la torpeza que estuvo a punto de consumar.

—Ay, chico, ni me lo recuerdes —suspiró la prima—. Mi cabellera larga y ondulada es lo que más extrañaré durante el *Iyaworaje*. Consultaré al santo si me dejará usar peluca. Para alguien como yo vivir con el cabello corto es el mayor sacrificio.

Media hora después María Alejandra fue presentada al tambor y varios percusionistas comenzaron los toques y los demás santeros corearon los cantos en yoruba al tiempo que bailaban abstraídos del resto del mundo, las mujeres se contorsionaban con movimientos sensuales y hasta María Eufrasia, tan pesada y voluminosa como era, derrochó agilidad y afinación al bailar y cantar como una jovencita más. Mercedes decidió apartarse del jolgorio para pasar desapercibida creyendo que alguien podría invitarla a bailar mientras Humberto estaba en primera fila sentado pendiente de cada quien, moviendo sus pies al ritmo de los tambores batá y las tumbadoras que, con el eco del recinto, sonaban escandalosos. De pronto, una muchacha linda vestida de blusa y falda marrones, como el color predominante del collar de Oyá, se arqueó y entonó la mirada de manera distinta, se detuvo por unos segundos mientras que los asistentes sonreían gustosos y hacían una rueda alrededor de la moza que no aparentaba aún los dieciocho años. Había bajado la orisha para posesionarse de ella. Humberto sintió una vibración junto a su vientre, pero no solamente por la impresión de ver de cerca de la poseída bailando sino por su teléfono celular en el bolsillo de su bluyín, un mensaje de texto que le escribió Mercedes desde la cocina. *"Vamonos! No kiero kedarme mas tiempo. T vienes conmigo?"*, decía. "Por favor, mamá. No te pongas caprichosa. Nos iremos luego de comer. La cena huele muy bien. ¿Te cuesta mucho escribir las palabras completas en el celular?", fue la respuesta. Cuando repartieron la comida, al final de la velada, Mercedes aceptó el plato de manos de una muchacha sudorosa y sonriente, también enfundada en vestimenta blanca, que había servido como *oyugbona* de María Alejandra, y de inmediato engulló el cabrito guisado y sus acompañantes con un deleite infantil. Hasta se chupó los dedos.

—¿Qué es *oyugbona*, hijo? —dijo Mercedes mientras comían.

—Es la asistente de María Alejandra en la ceremonia, algo así como otra madrina para ella.

—¿Es cierto que siempre la comida de la fiesta son los animales que sacrificaron para la ceremonia o es acaso un mito urbano?

—Es totalmente cierto. Los sacrificaron ayer, les sacaron la sangre, que es lo que se usa, y luego se cocinan. Está delicioso el banquete, ¿verdad?

Mercedes sintió súbitamente que se le devolvía la comida al paladar. Dejó su plato en la silla y corrió al baño para vomitar. Al salir, malhumorada, le ordenó a Humberto que empezara a despedirse porque se iban a casa. "Estos brujos y sus pecados… ¡Válgame Dios! Matar a un animal para contentar a un espíritu", fue lo único que dijo durante el camino de regreso en el carro.

Aquella noche el aire acondicionado del cuarto de Humberto se congeló y dejó de enfriar temprano. Aún no había bajado a Caracas el *Pacheco*, la tradicional brisa glacial propia de las navidades capitalinas y que perduraba hasta enero, y a pesar de que la ciudad no era calurosa a esa hora de la noche, el muchacho estaba muy acostumbrado al clima artificial para dormir y al zumbido mínimo del aire acondicionado para conciliar el sueño. Entonces acordó con su madre dormir en el cuarto de ella: tomó su colchón, arrimó a un lado la cama de Mercedes, y lo colocó a un lado para sentir el frío del aire acondicionado en los pies. Casi a la medianoche estaban madre e hijo jugando una partida de póker en la cama ancha. Era un pasatiempo de estrategia en donde ambos sanamente se retaban en su capacidad de engañar al otro (Humberto se valía a menudo del *bluff* para ganar partidas). Mercedes de repente habló tras un mutismo recíproco de varios minutos, que no les extrañaba a ambos.

—¿A dónde quieres viajar en las vacaciones de diciembre? —dijo.

—No sé —contestó Humberto, lacónico—. Ahora tengo sueño.

—Duerme, hijo. Avísame con anticipación, sea dentro o fuera del país, para reservar el hospedaje y los pasajes por avión.

Por fin se acostó en el colchón. Miraba al techo mientras rezaba. Mercedes, ya desmaquillada y vestida con su dormilona de seda celeste, lo escuchaba silenciosa, solazada con la retórica fluida y confianzuda con la que Humberto hablaba con Dios en susurros, sin solemnidades ni expresiones de las que aprendió en el catecismo, como si su plegaria pudiera aplicarse a todas las creencias religiosas, sin olvidar sus votos a favor de sí mismo, de su madre, de la familia, del mundo. Se sintió orgullosa por haber parido una criatura con tanta sensatez y sensibilidad por el planeta. Segundos después de la conmovedora letanía, se asomó a su lado derecho para verlo por última vez inerme, tierno y relajado antes de concentrarse en su sueño y lo vio respirando despacioso y apoyado en su costado izquierdo, como un feto: la postura de siempre.

En algún momento de la madrugada cuya ubicación en el reloj ninguno de los dos había de precisar con exactitud, Humberto se percató de los gritos de socorro de Mercedes, aún no se había despabilado, no estaba seguro de haber despertado o de estar soñando. Se incorporó mirando a su izquierda y pudo verla forcejeando con alguna energía invisible (¿la misma que se me ha acercado antes?, diría él), y al instante rememoró las recientes noches inquietantes luego de la mudanza. Quiso ayudarla, pero tan pronto se le ocurrió fue invadido por esa misma fuerza inesperada de las otras dos veces, cual extensión de la que se cernía sobre Mercedes, y sintió que era conducido, como empujado con determinación pero sin agresividad, hacia la posición inicial de sueño. A pesar de la penumbra, cruzó su mirada con la de Mercedes, quien seguía pidiéndole auxilio, y así se acostó de nuevo, vencido por una modorra súbita. Durmió hasta las nueve de la mañana, inusual para él.

Mercedes regresó apresurada de su oficina a la hora del almuerzo. Llegó con un par de pizzas personales y una *Coca—Cola* de dos litros. Comieron como si cada uno estuviese solo, pendientes del noticiero meridiano en el televisor de la cocina. Como si de una pesadilla cualquiera se tratara, ella encontró algo que comentar para no despedirse sin conversar de nada.

—¿Sabes? Anoche soñé algo raro —dijo—. Estaba acostada en el cuarto y de la nada sentí que alguien se había echado encima de mí. Era fuerte, intenté zafarme pero fue inútil, estaba postrada, dominada, y comencé a gritar. Entonces vi que te levantaste del colchón, me miraste sin ninguna expresión en tu cara, a pesar de que en la penumbra no veía con nitidez, y unos segundos después volviste a acostarte. Yo seguí forcejeando hasta que me cansé y supongo que terminó la pesadilla.

Al terminar el relato, Humberto quedó boquiabierto, pasmado, y su madre lo notó en seguida.

—¿Qué te pasa, hijo? —dijo —. ¿Te asombró mucho el sueño?

—Quizás no me creas, pero te voy a contar lo que me pasó anoche — reaccionó Humberto.

Cuando le contó todo Mercedes se exaltó. "Tú también lo viviste, no era una sueño", comenzó a decirse repetidas veces sin dedicar la mirada a un solo lugar, dando golpes suaves a la mesa hasta que no pudo evitar sacar un cigarrillo de su cartera y desgastarlo con fruición en largas bocanadas mientras las manos que le tiritaban de puro nervio. Me están acosando a Humberto y ahora vienen por mí, pensó. Ya le temía a lo que de antemano se había atrevido a negar, que en la casa no estaban solos, que alguna entidad no carnal estaba manifestándose, y lo hacía en el momento tan indefenso del relajamiento del sueño, cuando ni siquiera puede tenerse certeza de la realidad y la lucidez no es un atributo presente. Lo abrazó apretándose a él lo más que pudo a la vez que imploraba al Creador que alejara cualquier ánima perversa que rondara la casa. Así pasaron juntos un rato.

Contrario a su madre, que se dejaba envolver por los problemas con incontables quejas que le nublaban la razón para hallar soluciones, el muchacho pensó de una vez en encontrar una explicación, y en aquella coyuntura no perdió su sentido analítico. Averiguaré qué está pasándome, pensó. Sin embargo, no sabía a dónde ni a quién acudir por orientación. En las noches siguientes, cuando regresó a su cama luego de ser reparado el aire acondicionado, se rendía al sueño con la dificultad habitual de siempre, no sin mirar el entorno completo de su habitación, y de vez en cuando su alerta sugestionada recreaba aspectos terroríficos en las sombras amorfas de las paredes, susurros calmosos y ambiguos, y hasta el crujir frecuente de las maderas de las puertas del closet, de la mesa de la computadora y de la biblioteca, lo hacían levantarse por la madrugada y clamar exageradamente al cielo por la paz nocturna al dormir que ya empezaba a extrañar.

2

Empezó con una sensación de hundimiento, como si cayera en un hondo vacío. No estaba dormido por completo. Ahora flotaba en medio de la oscuridad de su dormitorio, inseguro de su ubicación, tanteando las paredes para reconocer su entorno. Aquellos parecían sus afiches, y esas las puertas de su armario. Rodeó los cuatro rincones hasta que llegó a la puerta, la abrió y vio el pasillo iluminado por el incipiente sol. Volteó y reconoció el cuerpo que yacía en la cama, que era el suyo, la cabeza ligeramente inclinada para que se deslizara por su mejilla un sutil hilo de baba, con los ojos cerrados y apoyado en su costado izquierdo, y fue entonces cuando se atemorizó por sentirse fuera de lugar, porque se creía lejano de aquello que le pertenecía y no tenía en ese momento, porque le extrañaba deambular tan liviano, sin materia. Decidió regresar. Abrió los ojos respirando con velocidad después de advertir que por fin había entrado en sí mismo de un empellón, con brusquedad. Recordaba los detalles de hacía un par de minutos atrás y dudó de haberlo soñado. Esto en verdad ha ocurrido, pensó.

Desde aquella mañana Humberto se formuló preguntas que solamente procuraban agrandar su intriga hasta el extremo de anotarlas en papeles sueltos, de quitarle el apetito de vez en cuando, de investigar sobre ciencias ocultas, pero nunca se atrevía a comentar su inquietud a Mercedes: ¿Por qué me ocurren todos esos trances?, ¿qué debo hacer para que ya no me molesten?, ¿dónde se ha metido

Arístides, para confesarle estas rarezas que estoy experimentando? A finales de noviembre, por los días del cumpleaños de Tania, una amiga del bachillerato, cavilaba minutos antes de dormir sin poder evitar dejarse dominar por el sobrevenido miedo a la oscuridad que lo mantenía horas frente al televisor sin interesarse demasiado por lo que veía, pues sólo era un recurso de emergencia para no hallarse en el estado de relajación del sueño, en el cual ya había reconocido que era vulnerable, cobarde. De modo que aceptó sin dudar la invitación a la celebración discreta en el apartamento donde vivía Tania junto a sus padres.

Tan pronto llegó al hogar de Tania, un apartamento de soberbio decorado minimalista en Terrazas de Santa Fe, notó el ambiente reprimido, contenido, de la celebración. La energía del recinto simulaba el de los velorios repletos de gente que no conocen al difunto. Un vecino de noventa años había fallecido el día anterior y en la tarde lo habían enterrado en el Cementerio del Este, y la familia en duelo decidió soportar la pérdida encerrándose transitoriamente en el apartamento contiguo, lo que causó el bajo volumen de la música durante la velada. Para Humberto era ideal, porque nunca gustó de los espacios ruidosos donde conversar se hacía difícil con música en alto volumen. En el apartamento estaba una numerosa representación de la familia de la agasajada y algunos vecinos del edificio y del liceo, conversando en la sala amplia, de piso de parqué y lujosos adornos en la mesa del centro y los entrepaños de los rincones, pero sin elevar la voz. A Humberto le pareció que, más que la celebración de un cumpleaños, parecía la extensión del funeral del difunto. La gente sentada ni siquiera movía los pies al ritmo de las canciones, y aunque Humberto no era un buen bailarín ni quien solía intervenir en todas las tertulias como centro de atracción, estuvo a punto de devolverse a casa por la incomodidad de la alegría coartada. Aceptó una cerveza helada, luego otra, otra y otra, y a las dos horas de la primera no conservaba en el caminar el mismo equilibrio del principio, la lengua se le trababa en todas las palabras que pronunciaba, su voz se tornó ronca y reía más de lo habitual en él, amén de las continuas visitas al baño para orinar. Tania lo notó transformado, nunca lo había visto con aquella disposición tan extrovertida, participando en todos los grupos de conversación. El muchacho habló de sexo con los más jóvenes, de política con los más viejos, y hasta ganó varias partidas seguidas de dominó aliado con un tío de ella. Constantes fueron sus peticiones a Tania para que subiera el volumen de la música. "Ese viejo no la va a escuchar desde el más allá", decía a cada rato, irreconocible. Después de cantar el *Cumpleaños feliz* y repartir la torta se fueron la mayoría de los invitados y sólo quedó un reducido grupo, entre los cuales se encontraba Humberto para terminarse las cervezas remanentes en la nevera. Volvió a bromear acerca del muerto, que si los oídos son del cuerpo y estaba enterrado, que si el volumen iba a subirlo sin permiso porque el viejo del carajo aquel no se molestaría. Ya gritaba, diciendo en sus frases las groserías que nadie le había escuchado jamás. Su memoria de las horas siguientes no era nítida. Recordaba haberse montado, de noche, en la Jeep *Cherokee* negra de Mercedes, aún de noche, y vomitar al entrar a su cuarto, no sin oír durante el camino una retahíla de reproches por la vergüenza de tener que recogerlo en ese estado. Tania había llamado al celular de Mercedes para pedirle que lo viniera a buscar porque su amigo estaba alterado, borracho e impertinente, según describió. En vano intentó persuadirlo de que se acostara en su cuarto a pasar la embriaguez, pero él agudizó sus imprudencias con gritos de "déjenme quieto", "me debes la musiquita", "todavía tengo energía", que le produjo una profunda vergüenza ajena y a su familia una desagradable sorpresa.

Humberto despertó al mediodía, almorzó arroz con pollo recalentado y volvió a acostarse, con jaqueca y resequedad en el paladar. Ya en mitad de la tarde se despabiló de la siesta cuando vio en el techo de su cuarto, justo encima de él, una cama idéntica a la suya y alguien acostado. Reconoció sin dificultad que era él mismo repetido enfrente, como si se estuviera viendo en un espejo, pero el otro Humberto se reía a carcajadas y lo señalaba, se burlaba de él. Algo le impedía moverse y cerrar los ojos, quería con desespero taparse las orejas con las manos para dejar de oír la risotada estruendosa, y no podía. Súbitamente, desapareció la imagen, pero se mantuvo en Humberto el eco espeluznante de la burla, sudaba frío y poco le faltó para romper a llorar de impotencia, porque se le había vuelto un tormento el momento tan necesario y simple del sueño. Se preguntó a gritos qué le estaba sucediendo, imploraba a Dios que le diera fuerza para aguantar. Le intrigaba saber quién lo llamaba por su nombre, de dónde venía la energía espantosa, quién le había jugado la broma de burlarse de él con su propio aspecto, ¿Y si era el mismo Dios, o uno de sus ángeles?, de eso no estaba seguro. ¿Y si era el Diablo?. Quizás era un alma en pena buscando ayuda, o con ganas de provocar desgracias. Estaba perdiendo su sentido analítico por su desasosiego, y con el desdoblamiento reciente su angustia era difícil de disimular: ¡se había salido del cuerpo sin tener ningún control! Logró experimentar lo mismo que describían los libros de su biblioteca, los programas de Alicia Suárez Gabaldón y los monólogos de Arístides. Sí, Arístides, lo voy a llamar, pensó. Pero cayó en cuenta de que no tenía su número telefónico; no sólo eso: su amigo nunca le había comentado si tenía teléfono en su hogar, número de celular o la dirección exacta de su hogar. Y yo de tonto que tampoco se lo he preguntado, pensó. Le provocó asombro el tono oscuro de sus notorias ojeras.

En pleno flujo de reflexiones, Mercedes entró al cuarto de su hijo.

—¿Vas a jugar fútbol? —dijo.

—No tengo ganas. ¿Me necesitas para algo?

Ella quería acostarse a su lado, conversar, hacerle cosquillas en la espalda, reír con él, como cuando era el párvulo candoroso de risas fáciles y repuestas elocuentes, pero la detenía creer que Humberto no le correspondería. Al fin y al cabo siempre fueron pocas las iniciativas que tenía de aquellos acercamientos.

—No —contestó Mercedes —. Quería saber, por curiosidad.

—¿Qué más quieres, mamá? —dijo Humberto, al ver que su madre lo contemplaba en silencio, absorta.

—Nada, pero, ¡Ay, Dios! —suspiró—. Te estás pareciendo mucho a tu padre cuando tenía tu edad, cuando me enamoré de él. Déjame darte un beso.

Humberto le abrió sus brazos y sintió el beso cálido. Le dijo que la quería mucho. Pero ella tardó más tiempo en soltarlo, cuando sus labios se acercaron a las mejillas del vástago el aliento tibio que éste despedía era tan similar al de su marido muerto, que por un instante cerró los ojos y evocó el mismo aliento pronunciando obscenidades al tener sexo de novios, de esposos, años atrás, y estuvo a punto de desviar la dirección inicial y estamparle un beso en los labios, pero se contuvo, inmovilizándose, asqueada consigo misma por confundir recuerdos sórdidos con la ternura y confusión que le despertaba el muchacho. Por lo menos, tuvo la certeza de que él no se había dado cuenta del exceso que estaba a punto de consumar. Iba a responderle que lo amaba como a nadie jamás amó y amaría pero sonó el teléfono inalámbrico de la casa y su hijo se incorporó para atenderlo. Era Arístides. Llamaba para avisarle algo de lo que no le dio pistas. Se le notaba efusivo al hablar, logró contagiarle el entusiasmo a Humberto.

—Tengo que revelártelo en La Colina —dijo Arístides—. Es el mejor sitio.

Entonces Humberto calló, miró a Mercedes, quien asintió comunicándole que le daba permiso para salir con el *Sospechoso Arístides*, como empezaba a nombrarlo por aquellos días. Ahora recordaba su hijo las anteriores invitaciones a La Colina y sus sendos rechazos.

—¿Estás muy ansioso por revelarme eso? —dijo por fin.

—Sí, por supuesto. Quiero que estés conmigo cuando ocurra.

—No sé, pero ponte en contacto conmigo en estos días y yo…

—No hay nada que temer. De todas maneras iré a tu casa el miércoles. Hasta entonces, hermano.

El tono complaciente de Mercedes cambió de súbito al intuir que Humberto saldría en aquel momento con su amigo. Recordó que debía castigarlo por el espectáculo bochornoso dado en casa de Tania la noche anterior. Y siempre que se trataba de decir un reproche, ella nunca se guardaba nada para luego.

—Supongo que debes estar consciente de que debería castigarte por la borrachera de la fiestecita de anoche —dijo—. Ni te imaginas la vergüenza que me dio con esa muchacha y con su familia tener que ir a buscarte en esas condiciones. ¿Recuerdas las cosas que dijiste, el irrespeto al vecino muerto, el vómito que dejaste a la entrada de tu cuarto?

—En verdad te pido disculpas. Fue una imprudencia de la que no me enorgullezco, pero que procuraré no repetir.

—¡Y con eso arreglas el asunto! —agrego Mercedes, con ironía—. No quisiera saber qué pensarán de la crianza que te he dado. Aunque ya imagino que dirán que te he soltado tanto la rienda que haces lo que te da la gana en la calle.

—Nadie me conoce como alguien con malas mañas, mamá.

—De todas maneras esa junta tuya con Arístides me da mala espina. Quién sabe qué influencia ha ejercido sobre ti. Hasta hace poco tiempo no me hubiera imaginado que darías mala impresión emborrachándote en una casa ajena.

—¡Ah! Ya sé a dónde va la discusión. Entonces Arístides es el culpable…

—Hijo de mi alma —suavizó Mercedes hasta pronunciar las sílabas con dulzura y dolor de madre que presiente las malas andanzas de su crío—. Quiero que tengas cuidado al darle trato a ese muchacho. Te voy a contar algo que debes asimilar rápido: varios vecinos de la urbanización y yo hemos visto a Arístides en compañía de gente sospechosa…

"Se le ha visto con un grupo de tres muchachos, parecidos entre sí, altos, flacos y blancos y de ojos grandes, pero de una apariencia extraña, como si hubiera algo raro dentro de ellos. El señor Augusto vio a ese grupito subiendo el Ávila de noche. Por eso quiero que estés atento. Tú sabes a qué me refiero.

—No. ¿Qué insinúas?— replicó Humberto, en actitud defensiva.

—Tienes que atar cabos, no seas bobo. ¿Has visto a los tipos que lo acompañan?

—Nunca lo he visto acompañado de gente con esa descripción.

—Lo cierto es que los han visto juntos por la urbanización. Qué cosa tan rara. Cuatro muchachos anormales yendo de noche a rincones escondidos. La semana pasada, cuando venía de la oficina, los vi caminando empezando a subir el cerro: eran las ocho de la noche.

—No quiero seguir discutiendo estérilmente contigo. Voy a darme un baño.

El miércoles a las ocho de la noche llegó Arístides, como había anunciado. Le bastó tocar el timbre una vez y Humberto ya estaba asomado por una ventana para decir que ya bajaba recibirlo, y Arístides replicó que no demorara. Mercedes salió al encuentro de su hijo.

—¿A dónde vas con ese muchacho? —dijo —. Te noto apurado.

—Regresaré temprano, mamá. No te preocupes.

—No me respondiste. ¿A dónde irás? ¿Qué vas a hacer?

No le contestó. Lo vio tomar su manojo de llaves, ponerse una chaqueta gruesa para contrarrestar el frío de la brisa de montaña, beberse un vaso de agua de la nevera y despedirse pidiendo la bendición.

En verdad Humberto no podía darle respuesta certera a su madre. Apenas sabía que iría con Arístides a La Colina, pero desconocía la razón. Incluso, tampoco sabía por qué terminó por aceptar la propuesta tras tantas excusas y sin tener alguna razón específica. Sin más dilación, se atrevió a complacer la petición de su amigo del alma confiando en que el aire de misterio que lo rodeaba no escondía nada pernicioso sino una grata sorpresa. No dio importancia al chisme que circulaba entre los vecinos de la zona. Iba caminando a su lado, casi hombro con hombro, a zancadas veloces. Arístides lucía como siempre: unos bluyín ceñido, franela fresca de color oscuro (a veces negro, a veces azul marino) y zapatos deportivos, todo a la talla, siempre rasurado, nunca oliendo a perfume ni usando gel en el cabello ocre y corto. ¿Le pregunto qué vamos a hacer?, se dijo sin hablar, ¿Y si cree que estoy desconfiando? No, sólo tengo curiosidad.

En aquel momento Arístides dijo:

—No pasará nada malo. Al contrario, te gustará mucho.

Empezó a ponerse nervioso. ¿Me acaba de leer la mente? ¿Y si me confiesa o me muestra algo que confirme los rumores?, conjeturó, Hasta podía invitarme a probar drogas o que tuvieran sexo clandestino, ¿Acaso no es eso lo que mamá insinuaba, que a Arístides le gustan los varones, que se mete drogas a escondidas en La Colina?. Ha podido malinterpretarme: no he tenido novia hasta ahora, pero no soy homosexual. Se atropellaban sus cavilaciones, se sumergió en ellas y continuó el paso frenando el ritmo. Tuvo ganas de voltearse y correr hasta los brazos de Mercedes. Se detuvo y, de inmediato, Arístides también. Éste volteo y se acercó diciendo:

—¿Acaso no quieres ir, hermano? Mírate, estás sudando, se te ve pálido...

Lo convenció de nuevo la misma expresión persuasiva de vendedor ambulante, esa mirada que a Humberto dejaba maravillado, meditabundo, y pensando cualquier idea que pronunciara la voz indubitable, como si hipnotizara al hablar. Tocó el hombro de Humberto y lo estuvo sobando varios segundos mientras decía que "no es fácil para una persona esa primera vez". Humberto tenía esa incomodidad en la garganta siempre que estaba a punto de llorar. En pocos minutos iban a dar las nueve. Ya el camino verde y empinado, donde la maleza era llana y transitable, estaba solo, excepto por la presencia de ellos dos, ayudados por un par de linternas. Lograron aprovechar un descuido de los guardabosques que a esas horas preguntaban a los visitantes si pensaban pernoctar en el cerro y si contaban con comida y con cualquier instrumento o artefacto para estar ubicados y pedir auxilio de ser necesario. Humberto quedó atrapado entre su confianza en Arístides, los chismes de Mercedes y la expectante caminata. Se resignó a esperar lo peor.

—No dudes, cobarde —dijo Arístides, con acento ameno —. Vamos, no aminores el ritmo, que podríamos llegar tarde.

Continuaron ascendiendo. El portentoso cerro El Ávila es un sitio para amantes de la naturaleza y deportistas en general, una hilera de montañas que por las noches son frías y neblinosas y en lo más alto de ellas el silencio es sobrecogedor. Unos pocos arriesgados preferían llegar hasta La Colina a tomar fotos panorámicas, hacer yoga, y hasta algunos músicos llevaban sus instrumentos para ensayar luego de un gran esfuerzo cardiovascular. Se escribía con mayúscula para distinguirla, porque era una sección a la cual se llegaba desviándose por el camino que llevaba a Sabas Nieves, sin embargo, era un punto de la montaña poco frecuentado porque su acceso estaba casi bloqueado y pasaba inadvertido para la mayoría de sus visitantes debido a una espesa maleza difícil de franquear. Arístides sacó un pequeño machete que ayudó a terminar de perfilar la senda, que se abría a medida que él cortaba ramas a diestra y siniestra ante la mirada asombrada de su amigo. Allí estaban ambos. Silbaba el viento presuroso que mecía las ramas, crepitaban las hojas caídas a sus pies y a punto estaban de tropezar con las raíces salientes del matorral. Las respiraciones ya eran jadeantes, fácilmente distinguibles entre los chillidos de animales que no se dejaban ver y aún no llegaban a la cota de ochocientos metros, único dato que adelantó Arístides relacionado con la invitación. Humberto rezaba en susurros por la constante seguridad durante la estancia en aquel paraje, hasta que llegaron a una explanada de las dimensiones de una cancha de fútbol (contrastante con los accidentes del entorno: parecía aquella explanada fraguada a propósito por el hombre, con un objetivo dudoso y susceptible de suspicacias) donde la gente montaba carpas para amanecer y veía eclipses de sol y luna, donde los amantes tenían encuentros apasionados, donde padres y madres llevaban a sus niños a volar cometas por las tardes, y donde cualquiera podía guarecerse huyendo del fragor de la urbe inquietante. La ruidosa Caracas desde allí lucía silenciosa, inanimada, como una maqueta de algún proyecto urbanístico. Pensó por un instante en que podrían encontrarse a los tres tipos de los que le habló Mercedes y así confirmaría su temor por la hermética invitación.

Arístides posó su brazo izquierdo en los hombros de Humberto y le dijo que mirara al cielo, que lo escrutara minuciosamente. Él alzó sus ojos, vio que estaba despejado, mientras su compañero sonreía extasiado en la espera.

—Allí está, hermano —dijo Arístides, señalando con un dedo al firmamento—. Esto es lo que quería mostrarte.

A lo lejos, un punto rojo salió detrás de una de las pocas nubes que lograban divisarse. Segundos después, otro punto desde el lado opuesto de la ciudad, pareció salir detrás de un edificio y subió para situarse junto al primero a una velocidad improbable para un globo sonda, para un avión comercial, para una inverosímil ave fosforescente que surcara aquellas alturas, y ambas se escondían tras la montaña y se ocultaban tras ella, se hacían visibles y después desaparecían. Entonces cambiaron de forma, al principio sus figuras eran redondas, luego eran triangulares. "Mira cómo se posan sobre los cerros", le dijo Arístides en algún momento, "Es como si los cerros se enamoraran y se hablaran entre sí a través de las luces". Ambos centros de luz se juntaron de nuevo tras una nube que los albergó por pocos segundos antes de trasladarse hacia La Colina.

—Están acercándose —dijo Arístides, ya sosegado—. No te asustes.

Ninguna frase en aquellos minutos fue atendida por Humberto, no hubieran tenido sentido para él. Nunca desvió la mirada del cielo. Las luces rojas se hacían más grandes, redujeron la velocidad y estaban descendiendo sin prisa, como si quienes las dirigieran jugaran con el suspenso del momento, diría él. Por instinto, dio dos pasos atrás. Temblaba y respiraba acelerado, lo estremecía la sensación de una explosión interior en el abdomen (su adrenalina voluble que le reafirmaba el cautivante susto). Fue cuando miró a Arístides y éste le preguntó qué hora tenía en su reloj de pulsera.

—Qué se yo —respondió, y acerco la muñeca izquierda a la altura de sus ojos—. Nueve y diez.

Arístides le replicó con una sonrisa de conformidad, como si hubiera planeado el encuentro a la hora prevista, o así lo interpretó Humberto, a quien le pareció atípica la sonrisa, pero que sólo le interrumpió un par de segundos su contemplación.

Los triángulos de luz se aproximaron en sentido vertical y se estacionaron en línea recta sobre ellos, a sólo cien metros. Pasmado, observó Humberto cómo los triángulos volvían a ser circunferencias, como al principio, con lucecitas rojas que los bordeaban e iluminaban el resto de las figuras, que le parecieron de superficie metálica, como discos de acero, y con un centro de un fascinante fulgor carmesí, como los vistos en su sueño reciente. A la distancia, calculó que el diámetro de cada disco no debía superar los ocho o diez metros, supuso Sin que los testigos estuvieran preparados para extrañarlos, los discos desaparecieron sin zumbidos ni destellos de luz ni la estela resplandeciente de los filmes hollywoodenses, tras un arranque del cual Humberto apenas se percató. A su derecha, Arístides no le quitaba el ojo de encima. Se había quedado mirándolo durante todo aquel rato, pendiente de la expresión de su semblante, en el sudor frío de sus sienes, en sus rodillas trémulas. Se cruzaron las miradas de nuevo.

—Puedo asegurar, amigo, que te está doliendo un poco el cuello —dijo.

—No aluciné, ¿cierto? —contestó Humberto, con estupor—. Tú también los viste.

—Por supuesto.

—¿Cómo sabías que esto sucedería?

—No es la primera vez que ocurre. Y, por favor, no hagas tantas preguntas, hermano, por ahora.

Aunque insistió por minutos, no obtuvo respuesta. Se conformó con quedarse con la incógnita, mejor sería interrogarle otro día. Todavía tenía la típica sensación en el abdomen de las experiencias fascinantes, aunque también una leve molestia en el cuello, que movió en todas las direcciones hasta hacerlo crujir y aliviarse. Ahora sólo tenía en sus ojos el rojo de los triángulos, las piruetas que hicieron, su insólita velocidad, y así se fue caminando junto a su amigo sin intercambiar palabras. Le costó un esfuerzo excesivo disimular la incertidumbre de verlo con expresión de satisfacción y sonriendo al mirar al firmamento despejado.

Desde aquella ocasión pasaba los días leyendo los libros de la biblioteca vieja, los que Mercedes rechazaba y que no había botado a la basura sólo por ser parte del legado de su esposo muerto, respetada herencia que conformaba una de sus últimas voluntades. Resolvió por fin dejar a un lado los de poesía y las novelas de realismo mágico y se dedicó con tesón a los de investigaciones sobre extraterrestres. En alguno de ellos halló fotografías de un disco similar a los que vio con Arístides. Se dio cuenta de que su experiencia era común, nada peculiar, hasta probable de repetir. Podía consumir un libro de cuatrocientas páginas en dos tardes consecutivas y con frecuencia llegaba a la cocina para pedirle a su madre un par de pastillas para el dolor de cabeza. "Claro que te tiene que doler", gruñía Mercedes, "leyendo todo el día esas pendejadas". Él intentaba no indignarse por tales sarcasmos y regaños. Siempre lograba serenarse luego de casi estallar por no desahogarse o quejarse ante ella, para que entendiera cómo se sentía ser reprochado por ignorancia e incomprensión. Se encerraba en su dormitorio a meditar. No tenía una técnica determinada, apenas le bastaba un estado constante y fluido de relajación y silencio para encontrarse consigo mismo, para conectarse con la esencia del universo que lo constituía, que a veces percibía tan disuelta entre sus pensamientos y emociones, hasta que la noción del tiempo y de la personalidad se desvanecían para que su conciencia llegara a una cota de clarividencia y amor que lo hacían comprender para crecer e inmunizarse ante las bajas sensaciones de las vivencias diarias. Llegó a pensar en un instante en contarle a Mercedes lo que pudo experimentar en La Colina, pero de inmediato se negó a hacerlo. Mamá jamás lo creería, pensó.

Luego del episodio de los discos voladores creyó que podía descartar que Arístides gustara de él porque en una ocasión como esa, solos en La Colina, se lo hubiese insinuado, por lo menos. No se había encontrado antes tan a solas con alguien. Decidió no pensar más en el tema aunque estaba seguro de que Mercedes se mantendría incisiva en sus ironías hasta hacerle gritar de pura rabia que *El Sospechoso Arístides* era un afeminado. Pero seguía preguntándose quiénes eran los tipos que a veces acompañaban a Arístides, cómo pudo saber que aparecerían aquellas figuras en el cielo, tomando en cuenta que había sido invitado desde hacía meses. ¿Esos tipos también las han visto? ¿Por esa razón se les vio subir a La Colina?, balbuceaba para sí mismo, ¿Cuántas veces ha ocurrido el fenómeno? Entonces se planteó tres objetivos inmediatos: obtener sin más dilación las respuestas que Arístides no le dio aquella noche, lograr una constancia en fotografía o video si volvía ser testigo de otro avistamiento y estar en contacto por cualquier modo con Alicia Suárez Gabaldón para conseguir de ella información adicional del suceso, si la tenía, o relatarle su anécdota, por si no estaba enterada y le interesaba investigar a fondo, aunque le pareció poco probable haber sido junto con su amigo el único en avistar de las luces rojas. Ese mismo día llamó desde su celular al equipo de producción de Fascinante Planeta. Le bastó revisar el sitio en internet del programa y encontró los números telefónicos. Tan pronto contestó el *aló* de su interlocutor, éste le dio las buenas tardes y le soltó sin esperar:

—¿Usted está llamando por el avistamiento del pasado miércoles?

—Sí señor, yo fui testigo —reveló con atropello. Por fin hablaba con gente que se interesaba en el tema con seriedad profesional—. Quiero ofrecer mi testimonio.

Acordaron encontrarse tres horas más tarde en La Colina con Alicia Suárez, un camarógrafo y un asistente de producción, para grabar su relato desde el mismo lugar de la experiencia. Le comentaron que era afortunado por tener a la conductora disponible esa misma tarde dado un hueco no habitual en su itinerario ajetreado. Humberto nunca olvidaría aquella hora y media que compartió con su tan admirada periodista favorita, de modo que valió la pena la preparación para la cita: se afeitó la impertinente y escasa barba que le salía por entonces, eligió con dificultad el bluyín y la camiseta deportiva de la Juventus que iba a lucir (un debut en televisión para decir algo importante merece buenas fachas, diría él), se engominó el cabello y preparó de memoria algunas frases determinantes para lo atractivo y verosímil que debía parecer su relato. No era capaz de describir con palabras cuán cómodo y satisfecho estaba de tener ante sí oídos atentos a su análisis y comentarios que no fueran los de Mercedes. Dios santo, pensó mientras grababan su testimonio, dónde podré encontrar a Arístides para que confirme lo que digo. Lo nombró en la entrevista, pero les advirtió que no sabía cómo contactarlo a menos que apareciera de repente, como siempre lo hacía. "Vio lo mismo que yo", enfatizó al final de la entrevista, sin asomar que él quizás escondía un nexo de complicidad con las luces advenedizas. El automóvil del equipo de producción lo dejó frente a su casa a diez minutos para las cinco. Alicia Suárez le pareció de un genio idéntico al que mostraba por la pantalla, sin sentido del humor, profusa al opinar, semblante inexpresivo, buena oyente, ademanes aristocráticos. Se despidió de él con reverencial cortesía, como si de un diplomático se tratara, dándole las gracias con un apretón de manos firme, como el de los varones fuertes.

—El martes aparecerás en televisión. Avisa a tu familia y amigos — dijo.

Aparte de la excitación por haber ofrecido su relato para televisión, no dormía mucho en las noches por el miedo latente a que *la* fuerza lo dominara. Pasó tres madrugadas seguidas planificando las respuestas que daría cuando la gente en la calle le pidiera su relato con más detalles, las escribió en un *block* de notas que Mercedes le había comprado para usarlo en el curso propedéutico de la universidad a comenzar a principios de enero. Ensayaba cada palabra la vez que los bostezos y el cierre de los párpados le ordenaban descanso, pero él se resistía bebiendo café y leyendo de libros de páginas amarillentas de la biblioteca. No le cabía duda de que el programa sería visto por una vasta audiencia. El programa de Alicia Suárez Gabaldón era el de mayor audiencia del canal público. Sería el centro de atención en sus escasos círculos de interacción. Luego dormía cuando ya la oscuridad se había ido, al alba se quedaba rendido en su escritorio, sentado en el inodoro, en la mesa de la cocina, y con frecuencia Mercedes lo despertaba para que continuara el descanso en la cama. Ya estaba habituado al ciclo de desayunar a las dos de la tarde y comerse recalentado a las ocho de la noche el almuerzo del mediodía, a deponer sólo una vez al día o cada dos días, de modo que su madre empezó a notarlo olvidadizo y poco concentrado para los quehaceres, desganado y débil, tenía breve contacto con el sol porque ahora salía poco a la calle, ni siquiera se entusiasmaba con las partidas de fútbol de los fines de semana (a la hora de jugar él apenas recién despertaba con una pereza que lo mantenía en cama hasta el ocaso), de modo que para la segunda semana de diciembre Humberto había dejado de ser el muchacho lleno de energía que sorprendía a su madre con un apetito y una sagacidad mental sobresalientes para convertirse en un espantapájaros exhausto. La noche del lunes, casi a las once, se estaba quedando dormido en su cama mientras leía una obra de Deepak Chopra que creyó lo mantendría insomne hasta que reaccionó, entreabriendo los ojos, a la sensación ya conocida, sufrida por él, mas no podía mover la cabeza, brazos y piernas, aunque sí los labios, pero sin que pudiese escuchar sus propios rugidos pidiendo ayuda. Comenzó a oír voces, todas le susurraban, una era de niño y le dijo "Humberto, no temas". Él no entendió el resto de los siseos, el pavor no lo dejaba razonar, como si desde el mismo infierno le hablaran al oído. Terminó el trance y volvió a calmarse no sin encender la luz de la habitación y revisar cada rincón de su armario y del baño. Abrió de un tirón la puerta y miró al pasillo. La segunda planta de la casa se hallaba igual de inanimada que siempre a esa hora, como si nadie la habitara. Ya reconocía la duración de aquellas veces, estaba habituándose a tolerarlas, a lidiar con cada sensación de soñolencia y aceptar el trasnocho con la expectativa desesperada de que se asomara el sol a su ventana para tener confianza en un mínimo descanso.

Desde que despertó el martes al mediodía se le hicieron largas las horas en espera de Fascinante Planeta. Por fin dieron las ocho en punto de la noche en el reloj de pared de la sala. Mercedes tenía un dolor en el vientre y decidió quedarse acostada en su cuarto desde que llegó de la oficina. Humberto esperaba que su madre no viera el programa y menos a él dando su relato. Pero lo hecho, hecho está, diría él. Si lo ve espero que comprenda, pensó.

El programa empezó puntual. Mercedes, frente al televisor, pasaba los canales con su control remoto sin decidir qué ver. No dejaba ni cinco segundos seguidos ninguno, pero detuvo el recorrido cuando vio la introducción de Alicia Suárez que, seria y alardeando su verborragia de etiqueta, adelantaba que mostraría en minutos testimonios exclusivos del reciente avistamiento de luces en el cielo de la ciudad. Transmitieron el caso al final. Mercedes quedó embobada al ver la filmación de un aficionado que durante cuatro minutos y veintisiete segundos captó el movimiento de las extrañas luces rojas, su cambio de forma, su desaparición. Vio las entrevistas a dos ancianas noctámbulas que presenciaron lo que ellas llamaron "espectáculo mágico" desde sus respectivos balcones, al dueño de la cinta divulgada, a un profesor universitario que tomó fotos nítidas. Alicia Suárez anunció, por último, el testimonio del testigo ocular más importante, quien se hallaba en La Colina en aquellos momentos, un adolescente recién graduado de bachiller, de clase alta, y que de acuerdo a su versión, estuvo más cerca que nadie de las luces, su nombre era Humberto Parra Martínez. "Llegué a La Colina con un amigo que me dijo que mirara al cielo y al instante vi con asombro un punto de luz roja detrás de una nube", comenzó a decir por televisión. Dio hasta detalles triviales del suceso, y viéndose en la pantalla, Humberto se percató de otros pormenores que olvidó en la entrevista. Mientras escuchaba de su hijo que los discos luminosos quedaron en estacionario a cien o ciento veinte metros por encima de él, Mercedes ya resollaba y apretaba la mordida, se estaba levantando de la cama dispuesta a no escuchar más y a encararlo, olvidando de momento el dolor en el vientre. Bajó las escaleras para encontrarlo en la sala con la nariz a pocos palmos de la pantalla ancha. No sabía cómo se sentía ni si debía reaccionar furibunda, reprochadora, o reconocer ante él la extrañeza del caso y aceptar que habían compartido algo, aun siendo por separado, porque ella hasta ese momento no se atrevió a contarle que aquello no podía explicarse a simple vista con el vuelo de globos sonda ni con la invasión del espacio aéreo por aviones avanzados de potencias extranjeras.

—Yo también vi las luces aquella noche —dijo de una vez, parca—. Y a la misma hora que dijiste en la entrevista: a las nueve y diez.

Sorprendido, casi halagado y reivindicado con la reacción y sinceridad de Mercedes, dio pasos firmes hasta abrazarla y besarla en la mejilla.

—¿Ahora me crees cuando te hablo de los Hermanos Mayores? —dijo Humberto.

—Sólo puedo decirte que fue algo muy raro. Estaba en mi balcón, mirando hacia la calle mientras se me aliviaba un dolor de vientre que tenía, cuando de repente las vi. Miré, sin saber todavía por qué, mi reloj de pulsera, y marcaba las nueve y diez.

—Fue algo bellísimo, mamá, aunque al principio me dio miedo.

—Dime algo, hijo: dijiste por televisión que un amigo te dijo que miraras al cielo. ¿Eso sucedió aquella noche en que Arístides te vino a buscar apurado?

—Sí. Pero no pienses que…

—¿Qué hacían juntos en La Colina a esa hora?

El tono de Mercedes ya no era afable. Humberto no sabía qué contestar, pues a su madre iba a parecerle una locura la sospecha de que Arístides supiera de antemano la aparición de las luces.

—No sé —dijo, no convincente.

—¿Cómo que no sabes? —gritó Mercedes, y de inmediato empezó a llorar dándose puñetazos en los muslos—. ¿Crees que soy boba?

—¿Por qué lloras? —dijo Humberto, y la vio subir las escaleras, pero no la siguió.

Fascinante Planeta lo hizo popular en la ciudad por algunos días, tanto por ser testigo excepcional del caso como por la chanza y los chistes que se ventilaban sobre él, pues a todo aquel que sintonizó su testimonio le pareció que un adolescente que anduviera de noche con un amigo en La Colina no podía sino estar haciendo *cochinadas de maricas* (como le escuchaba decir a su madre) o cualquier fechoría a escondidas. Algunos soslayaron tal circunstancia, pero la mayoría bromeaba sobre que aquella había sido una manera original de declarar en público su homosexualidad. Apenas dos días tardaron los comentarios en llegar a oídos de Mercedes provenientes de algunos colegas de PDVSA, en cuyas oficinas los chismes corrían por el aire tan rápido como la luz. Algunos colegas, viejos amigos del matrimonio de Mercedes y Rogelio Parra, reconocieron al muchacho y se impresionaron con su elocuencia, pero no dejaron de advertir que la mera presencia de una pareja de adolescentes en El Ávila a esa hora de la noche le daba una indudable connotación homosexual. Los cuchicheos de los pasillos en el edificio de PDVSA en La Campiña eran cruelmente burlones. Gloria, la secretaria de Mercedes, entró a la oficina de ésta y hubo de comentarle en voz baja las habladurías ventiladas entre el personal de la llamada Nómina Mayor de la empresa, la cofradía de ejecutivos que devengaban los salarios y privilegios más altos y gozaban de un *status* de vida similar al de la misma Mercedes. Un rencor sin plazo contra la gente comenzaba a alojarse en su corazón sobreviviente a varias vivencias aciagas, una decepción sorda contra su único hijo, una altiva intolerancia hacia las adversidades que bloqueaba su concentración para lidiar con ellas y conformarse con reprimir los bríos de gritarle a cada quien en su cara que Humberto era el hijo que todas las madres quisieran tener, que no era maricón, sino un muchacho inteligente y amigo leal. Su único alivio fue no recibir llamadas telefónicas de su madre y sus hermanas con comentarios alegóricos: quizás no habían visto el programa. Mientras ella sobrellevaba el impacto de su sospecha—evidencia (no recordaba antecedentes de homosexualidad ni lesbianismo en su familia en las últimas dos generaciones, por lo menos), Humberto atendía las diligencias de su inscripción universitaria. Ya había presentado al final del bachillerato la estresante Prueba de Aptitud Académica, requisito indispensable para optar al cupo universitario deseado, presentó la Prueba Vocacional en la Escuela de Letras de la Universidad Central de Venezuela, donde un grupo de expertos (o un insensible programa en un computador, diría él) le indicó que había elegido una carrera para la cual mostraba las mejores cualidades, formalizó la inscripción, y por fin ya tenía en sus manos su horario de clases tras cinco meses de vacaciones que, según le indicaron allí, terminarían al empezar el curso propedéutico en unos días. Allí, en la fila hecha para consignar las planillas requeridas, fue reconocido en pocos minutos, y entonces hubo de contestar las preguntas que ya tenía previstas antes de salir a la calle aquel jueves por la mañana, las chicas se mostraron más interesadas en abordarlo que los varones que vieron el programa, incapaces de mirar de frente a un invertido, envidiando que fuese el centro de atención. Allí, en el ambiente y la época de la vida en la cual se suponía que la juventud deseaba impresionar al sexo opuesto y fraguar relaciones placenteras, Humberto obtenía la atención de ellas sin tener tal propósito. Desde entonces, se hizo popular entre los cursantes del primer semestre, no tanto por el relato que repitió hasta el cansancio sino por su ecuanimidad natural, sus modales de caballero decimonónico y su lenguaje inmaculado, como no era común presenciarlo en jóvenes de diecisiete años. Sin embargo, a Humberto se irritaba que la gente estuviese pendiente de las trivialidades de su experiencia, de los colores, las velocidades y las formas y no de lo que en verdad significaba para él. Al terminar de narrar siempre decía " Lo más importante es la oportunidad de recabar una prueba sobre la existencia de vida inteligente fuera de la Tierra que nos ayude a evolucionar", y los oyentes contestaban "Ah, sí", "Claro", "Por supuesto", pero no profundizaban en filosofar o argüir opiniones sobre el impacto de un avistamiento. De inmediato pedían detalles sobre el mecanismo de propulsión, si emitían ruidos o algún tipo de radiación, si logró ver a los tripulantes asomados por alguna ventanilla, si la electricidad había parpadeado en la ciudad. Sólo les interesa la superficie, lo que se ve en las películas, pensaba decepcionado Humberto mientras respondía con paciencia. Ya para entonces Mercedes sólo le dirigía palabra para lo más básico. Siempre que coincidían en la casa ella bajaba la mirada y se le formaba un áspero nudo en la garganta por la represión del llanto. Tuvo que ejecutar el rol de madre y padre tras su viudez sin corresponder a siguientes pretendientes, la crianza exitosa de Humberto era su mérito y orgullo, cualquiera calificaría al chico de intachable, pero que le saliera homosexual era una traición a las buenas costumbres inculcadas, sería una mácula indeleble al recordarlo, y de momento prefería interponer distancia entre ambos y mantener el disimulo ante terceros. Por entonces Humberto llamaba por teléfono a Augusto y le avisaba que iría a su casa para que jugaran dominó (y para que nos tomemos unas pocas *frías*, diría él). Humberto nunca apoyó ni rechazó con ímpetu el consumo de licor, la noche del cumpleaños de Tania fue una velada excepcional que se prometía nunca repetir, pero estaba consciente de que formaba parte de los usos sociales de los cuales era en exceso respetuoso, y que la practica del fútbol y la dieta balanceada contrarrestaban el efecto dañino del poco alcohol que bebía. Mercedes nunca exteriorizó sospecha alguna sobre Augusto Rey. Siempre consideró que la junta con Humberto haría de éste un chico más vivido, curtido en las experiencias de la condición masculina, e inconscientemente confió a su vecino la iniciación sexual de Humberto, creyendo que más de un buen consejo le transmitiría Augusto para ejercer la hombría como dictaba la costumbre.

En una de aquellas reuniones amenizadas con cerveza helada, Augusto no pudo evitar hacerle la pregunta a Humberto, lo conocía bien como para no averiguar de él nada que lo incomodara y evitara el clima de confianza idóneo para que le revelara una confidencia. Con su espontaneidad y sentido del humor era uno de los pocos que podían sacarle a Humberto un secreto.

—Oye, estrella de televisión, ¿qué tal fue lo de las luces?

Humberto estaba de buen talante como para contestar, pero sabía que se encontraba ante la persona más escéptica que había conocido jamás. Quiso ser conciso.

—Fue bueno. Interesante —dijo.

—¿Y qué más? —inquirió Augusto, que entendió la sobriedad de su amigo—. Yo vi tu versión por la televisión pero me pareció apresurado tu análisis.

—Respeto tu posición.

—Y yo la tuya, pero, ¿en verdad crees que son naves espaciales de otro planeta? Fíjate en esto: pudo ser algún fenómeno atmosférico que no se reseñó en los medios de comunicación para no causar alarma entre la gente. O fue un medio de transporte, quizás una nave de guerra que está probando alguna potencia extranjera en nuestro cielo, todo hecho por el hombre. Tú sabes que los gobiernos no difunden tal información por ser secreto de seguridad de estado. Ese tipo de teorías conspirativas me parecen de lo más creíble y hasta creo a este gobierno de concertar bajo la mesa que los rusos o los chinos usen nuestro espacio aéreo como si fuese el patio trasero de una casa abandonada.

—Podría ser. Hay pactos y verdades inconfesables que a veces pienso que es mejor ignorar en aras de evitar el caos colectivo. Ahora me permitiré el tema: ¿qué piensas de Arístides?

—Muy misterioso ese chamo. Te voy a confesar que a causa de él y de los tres muchachos que lo acompañan dejé de ir a jugar en el Parque del Este. Hay una energía alrededor de él que no comprendo y prefiero tener lejos. Hasta me da la impresión de que es marica. Tal vez peco de mal pensado. Tú no me conoces como chismoso pero no puedo dejar de decirte que lo he visto dos veces en andanzas raras con esos tres que ahora se la pasan con él, a los pies del Ávila. Los vi empezar el camino que lleva a Sabas Nieves sabrá Dios para hacer qué cosa. Quizás consumen drogas en pleno cerro, qué sé yo, y se van volando lejos de esta realidad. Pero se ve educado, de buen corazón, tiene el biotipo de un atleta de pista y campo. Coño, no me pidas hablar así de un varón, que me oigo como si fuera marica también.

Por aquellos días ya era costumbre para Mercedes visitar a María Eufrasia los domingos. Llegaba con una vianda que contenía el postre que se le había ocurrido preparar para pasar la tarde entera allá, vestida de faldas holgadas y sudaderas de color crema, como de costumbre, embebida en algún perfume caro y peinada, según vecinos y compañeros de trabajo, con un notorio mal gusto, que sólo podía camuflarlo al momento de ir y venir por la calle en su propia camioneta de vidrios ahumados. Su cuñada del alma la recibía gritando a sus hijas que le abrieran el portón para que estacionara dentro ("No te vayan a robar el carro, Merche, aquí el hampa no respeta a nadie", decía), y para que sirvieran dos platos más en la mesa para que almorzaran juntos, pero siempre Mercedes alegaba que Humberto se hallaba ocupado estudiando para su curso de inglés o jugando futbol en la calle mientras las primas de éste pellizcaban a escondidas el postre recién traído. Luego de la jornada laboral se consideraba sola en casa a pesar de la presencia de Humberto. Ella siempre estaba allí pero prefería encerrarse en su computador a revisar los asuntos pendientes de su oficina (proyectos por aprobar, presupuestos en plena ejecución, informes sobre la supervisión del desempeño de subalternos), o pasaba horas agotadoras en la cocina haciendo postres de los cuales a veces no probaba ni un bocado, pasteles de chocolate, conservas de coco y piña, pudines, con texturas y sabores como los de cualquier repostero profesional. Una vez llegó a regalar una torta de queso con fresas entera a uno de los mendigos harapientos y famélicos que a veces merodeaban su calle. Dos días después aún no podía explicarse por qué lo había hecho, pues no percibió en ningún rincón de su corazón algún viso de bienestar por dar alivio momentáneo a una necesidad ajena. Llegó a pasar una noche en vela preocupada por su insensibilidad, porque el actual hastío familiar la había llevado a no ver a su hijo durante tres días consecutivos ni a llamar por teléfono a sus hermanas ni a su madre por una semana entera. Reconoció a solas en su cama que pasaba el día en su oficina, en su cuarto y en su cocina esquivando a Humberto, aprovechando el recurso irreflexivo de visitar a María Eufrasia los fines de semana para escapar de la sutil pero tensa cobardía que le impedía asumir y discutir con Humberto el abominable caso de la supuesta homosexualidad de éste. Forzándose a un silencio disciplinado guardó la mortificación para sí misma sin ventilarla con nadie, y si estuvo a pocas palabras de implorar ayuda a María Eufrasia fue por creer que podría usar sus "habilidades de bruja" (como le comentaba a su hijo, y de lo cual empezaba a arrepentirse) para corregir el desvío. Siempre que pensaba al respecto le venía a la mente la letra de una canción popular de años atrás de Willie Colón, que decía en su coro: *"No se puede corregir a la Naturaleza, palo que nace doblao jamás su tronco endereza",* y rechinaba apretando la mordida, cerrando los puños temblorosos. María Eufrasia lo notaba de vez en cuando, pero procuraba introducir temas de conversación triviales o frívolos que le devolvieran la sonrisa al semblante de su cuñada. En más de una ocasión le propuso consultarla con los caracoles y así saber qué consejo recibir de los orishas, qué ofrendas debía hacerles, pero Mercedes declinaba la propuesta contestando que se sentía bien, pero dentro del pecho gritaba sólo para sí misma que Humberto necesitaba ayuda y que era él quien necesitaba la consulta. Pero la mayoría del tiempo charlaban sobre sus finados matrimonios y hasta llegaron a confesarse entre copas de vino importado de La Rioja algunos de los secretos conyugales mejor guardados, o por lo menos María Eufrasia, porque Mercedes siempre fue tan respetuosa de su viudez que le daba igual importancia a la complicidad marital con el esposo vivo o muerto, y sólo agregó anécdotas nada escandalosas. Juntas elaboraban los collares de santería canutillo por canutillo, preparaban las exorbitantes cantidades de comida para las ceremonias de los Iyawoses, que según le explicó María Eufrasia eran los que se hacían el santo y vestían de blanco con la cabeza rapada como una de las muestras de sacrificio por el compromiso asumido con la deidad. A veces, más por ignorancia que por sentido común, le ofrendaba girasoles a Ochún, rosas nacaradas a Obatalá, y para Babalú Ayé, gladiolos blancos, como rezaba una vieja letra de la Dimensión Latina. Ofrecía las flores rogando a los santos que ayudaran a Humberto a ser un buen muchacho, que le quitaran el gusto aberrado hacia los hombres. "Ayúdenme a mí también, porque necesito energía para tener una importante conversación con él, porque necesito aprender a tolerar", solía agregar en sus plegarias, por si acaso era cierto que las deidades yorubas respondían a quien oraba con fe.

Por entonces Humberto ya se había acostumbrado a no dormir de noche sino por ráfagas de algunos minutos. No pasaba un chance durante la modorra previa al sueño sin que oyera voces o sin que viera su propio cuerpo acostado en su cama yaciendo impávido mientras el trance ocurría. No tenía control para impedirlo. Fue capaz de soportar hasta dos días seguidos sin dormir. Procuraba nunca dejar su cuarto a oscuras manteniendo siempre encendidos el televisor y la lámpara de la mesa de noche para leer. En una ocasión, al cerrar y abrir los ojos con el libro del momento reposando en su pecho, dejó de parpadear pero al instante reconoció la sensación de flote, vio la misma luz blanca y fluorescente de la lámpara, su mismo televisor japonés transmitiendo el mismo programa de todos los días a aquella hora, y su delgada estampa rendida en posición de feto. Salió de su cuarto y vio cuatro figuras en medio de la penumbra acercándose hacia él. Tenían siluetas humanas, quizás muy altos comparados con la estatura normal de los humanos, pero no pudo definirlas mientras subían las escaleras. Fue entonces cuando experimentó el pavor más paralizante e inusitado, incluso mayor que el de la primera vez. Sólo lo dejó pensar en devolverse a cruzar la puerta de regreso y encerrarse. Abrió por fin los ojos resollando profusamente, entró en sí mismo como si alguien o algo lo hubiera empujado, lo recordaba todo. Sí, sin dudas las figuras eran de cuerpos humanos grandes, pensó. No durmió en el resto del día.

En las noches siguientes se repitieron lances como aquel. Desesperado, llegaba de madrugada al cuarto de Mercedes y la despertaba con un golpe seco y preciso a su puerta. "No puedo dormir solo, acompáñame", decía acobardado. Ella se arrimaba a un lado y le daba un espacio de la cobija, lamentando en silencio el llantito bobalicón de su niño. "Ya se va a acabar", lo consolaba Mercedes acariciándole la cabeza, "Duerme, que ya estás conmigo".

El diecinueve de diciembre, casi a la hora del almuerzo, sonó el teléfono inalámbrico en casa de María Eufrasia. Llamaba Mercedes con urgencia para rogarle que ayudara a Humberto.

—Él me dice que no puede dormir porque oye voces, ve cuerpos —descargó ella—. Quiero que le hagas un trabajo para que tenga la protección de los santos. Ay, cuñada, auxílianos, que ya el aire se siente pesado en mi hogar. No soporto ver a Humberto sin energía y con dificultad para concentrarse en las vainas más simples. Él no puede empezar así su primer semestre en la universidad. En estos días ha parecido un zombi de esos de las películas gringas.

María Eufrasia no se negó a nada. Le indicó que lo llevara en la tarde y que trajera una muda de ropa blanca.

—Déjalo pasar la noche aquí —dijo para terminar—. Yo te lo devuelvo mañana protegido, sano y contento. Dile que venga con su ropa puesta bien sudada. Es necesario para el rito. Déjame el resto a mí y los santos.

Mientras almorzaban sin cruzar palabras Mercedes dudaba de iniciar una charla franca con Humberto. La inestable confianza entre ambos no era propicia para probar la susceptibilidad del otro, de modo que ella prefirió no andar con rodeos y hablarle con tono imperativo, aunque preveía una posible resistencia de Humberto.

—No te volveré a recordar que cuando regrese de la oficina te recogeré para llevarte donde tu tía —dijo—. Quiero encontrarte listo. No olvides sudar la ropa que te llevarás puesta, trota, corre, salta, haz lo que sea. Y tampoco olvides la ropa blanca.

—Sí, mamá, no lo he olvidado —contestó, Humberto, intolerante, áspero.

Fue imposible para Mercedes refrenar el impulso desesperado que la llevó a formular la pregunta. Dijo las palabras con la mirada extraviada hacia cualquier rincón, con un ritmo pausado, quedo, con una dulzura que hacía días no mostraba ante nadie. El reloj del comedor marcaba la una y siete minutos de la tarde.

—Hijo, sé sincero conmigo, soy tu madre y quien más se preocupa por ti: ¿Eres homosexual?

Humberto la miró directo a los ojos y se paralizó por varios segundos, pero ella esquivó aquellos ojos ocres y refulgentes que hablaban tanto como su boca, ahora cerrada, cuyos labios gesticulaban sin orden aleatorio ni precisión. Ella no pudo sostener la osadía ante la humilde firmeza de su hijo en las ocasiones más serias. Quedó acorralada en su propia pregunta. Esperaba verlo desmintiendo con tesón su sospecha, o admitirla para fulminar la duda y comenzar el recital aciago de reproches mutuos, como nunca en su relación de madre e hijo había ocurrido. El vínculo entre ambos nunca fue puesto a prueba con una divergencia de perspectivas, la muerte del otrora hombre de la casa los unió en un dolor compartido donde nadie señaló culpabilidades ni se creyó engañado por algún secreto. Humberto sólo la miraba. Ahora el dejo de su semblante no reflejaba la indignación y el enfado de los primeros segundos sino deferencia lástima, compasión, como el altruista que mira al indigente pidiendo limosna, o como el maestro generoso que mira al aprendiz cuando éste no comprende una lección impartida.

—¿No me vas a responder? —gritó Mercedes frustrada y enfurecida por el mutismo del mozo.

Humberto, en apariencia impávido, bebió un sorbo de jugo de melón, se levantó de su silla y se fue a su cuarto. Al subir el segundo escalón volteó y le regaló una sonrisa tan sincera como indescifrable para su madre, que confirmó con su frase lacónica y su actitud sosegada, manifestaciones que ella interpretó como ejemplos de una imprevisible oscura frialdad del muchacho.

—Cuando regreses de la oficina estaré listo —dijo.

Durante toda la tarde se encerró en su cuarto. Se duchó con calma y se acostó en su cama hasta hallar en pocos segundos el estado de comodidad necesario. Había aprendido de Arístides técnicas de relajación que le permitían estar por horas abstraído, lejos del entorno. Solía hacerlo en los momentos en que lo vencía el miedo, la angustia ante las vicisitudes difíciles de sobrellevar. Hacía desaparecer rencores de su corazón entregándose al silencio absoluto, a la búsqueda del hilo divino que lo unía con la inteligencia suprema y amorosa que le había obsequiado el chance de pasar por la Tierra para ser más fuerte que los problemas y entenderlos como pruebas de medición de su fuerza, para agradecer lo recibido y dar como si no tuviera nada más, para ser expresión del amor que los mortales se negaban y esquivaban cuando sus adicciones los desviaban de las pistas para lograr el Gran Proyecto Universal, que es en el fondo la razón de todo, según profería Arístides. Ya en aquel instante el enajenamiento era perfecto, Humberto no estaba en su cuarto. Estaba en otro sitio, o en todos a la vez. No había mejor momento en el que se contemplara a sí mismo y comprendiera las lecciones de la encarnación como cuando meditaba. A menudo le decía a Arístides que durante la meditación sentía que no era él sino la conciencia ávida de conocimientos que aprehendía la esencia humana y la sabiduría divina. "Creo que en una de la próximas veces conversaré con Dios mismo", decía a veces. En algunas ocasiones fue tanta su concentración que sintió desintegrarse, hacerse de una sustancia tan sutil y perfecta que pensó a ratos que había muerto dormido. Movido por un impulso ignoto llegó a zonas luminosas, anduvo por paisajes semejantes al planeta Tierra, percibió otras maneras de existencias en otros planos avanzados donde el cuerpo denso no hacía falta, logró experimentar la certeza de formar parte de un inmedible cosmos creado por amor, intrincado pero hermoso, consecuencia y causa de la organización de una poderosa entidad más allá del tiempo y apenas descriptible por la insuficiencia humana descrita con el nombre de *Dios*. Sentía más aguda su presencia a cada segundo y a la vez se preguntaba cómo era posible que ciertas personas negaran su existencia.

Se reincorporó, abrió los ojos, se desentumeció con suaves movimientos de las extremidades. No se dio cuenta de que había pasado cuatro horas en aquel placentero trance. Empacó sus cosas en un morral que usó al final del bachillerato y se asomó por la ventana de su balcón, desde donde vio la Jeep Cherokee beige de Mercedes que parqueaba frente a la casa. No discutiré con mamá, No discutiré con mamá, se dijo repetidamente como un mantra. Ella sólo tuvo que tocar la bocina una vez para llamarlo porque ya el muchacho estaba en el porche cerrando la casa con su morral colgado del hombro derecho. Tan pronto se montó en la camioneta su madre le habló con tono de general autoritario, signo inequívoco de que no admitiría ningún refunfuño.

—Vámonos. No te preocupes si tienes hambre: cenarás allá. Y

mejor para ti, María Eufrasia siempre ha tenido mejor sazón que yo. Esta noche ella te va a iniciar en la santería para que te proteja contra las voces raras que te acosan de noche. Según me dijo, serás un *aleyo*, o algo sí es la palabra dijo Mercedes.

No se hablaron más durante el camino.. Las miradas que se dirigían el uno al otro parecían contener una radiación capaz de derretir la latonería del automóvil. Por esa razón cada uno entendía que no hacían falta palabras para comunicarse. El calor entre ambos transmitía sus pensamientos. Tras el brevísimo trayecto de cuatro cuadras, se apearon frente a la fachada de la casa de María Eufrasia, en total mutismo.

3

Desde que le fue anunciado que María Eufrasia lo ayudaría no dejaba de pensar en su inminente iniciación en la religión yoruba: tendría por fin sus collares de protección. Era cuestión de horas. Sería con los cinco collares básicos, pero era una muestra de que sería atendido en su afán de que lo tomaran en serio, así que por emergencia y por su evidente fe se realizó con premura la escueta ceremonia de imposición de collares luego de la consulta con caracoles y el desgarro de la ropa sudada y el baño que se dio con un jabón de olor a especias, coco y miel. Estuvo tan pasmado con la minuciosidad del ritual que al día siguiente no podía recordar con seguridad muchos de los momentos vividos ni todo lo que su tía le dijo durante aquel singular sábado. Tan pronto llegó a la casa dejó a Mercedes y a María Eufrasia conversando en la sala y se metió en el cuarto de los santos a pasar un rato de calor para sudar la franelilla azul y el bermuda negro que llevaba puesto y a tocar el bongó de Changó pidiéndole permiso, a agitar las maraquitas de Elegguá pidiéndole permiso y a comerse un caramelo de su ofrenda pidiéndole permiso, a respirar de nuevo el perenne olor de las frutas consagradas, a contemplar la ornamentación de las soperas donde residían los fundamentos de los orishas. Sin querer, en medio de una pausa del toque del bongó, escuchó decir a Mercedes que ya no soportaba verlo insomne a la fuerza y que recurría a la sabiduría de María Eufrasia porque sabía cuánto amor le tenía ella a su sobrino y empezaba a confiar en la santería como uno de los caminos a Dios, no una modalidad de brujería, porque ahora la respetaba como religión (sin embargo, puertas dentro en su corazón, no se sentía segura de esta última afirmación). El muchacho no se dio cuenta de que mientras tocaba concentrado el bongó alguien lo observaba desde el umbral de la puerta. Percibió la presencia, la mirada que lo escrutaba, y volteó. Se paralizó al instante. A un par de metros se hallaba parada una rubia de ojos grises y rayados como los de los gatos del tejado, brillantes como la plata, la cara adornada de incontables pecas ínfimas y las mejillas rosadas. Fue incapaz de disimular su asombro ante la chica agraciada y de mediana estatura, de formas hermosas, pero él enfatizó su atención en la sonrisa pícara. Ya la había visto en otra ocasión. La buscó en los vericuetos de la memoria reciente y la halló por fin en la fiesta de santo de María Alejandra, bailando elástica y sugestiva entre los invitados, haciendo ondear su falda marrón y fumando tabaco durante sus contorsiones: era la chica poseída por Oyá.

—Changó debe estar extasiada oyéndote tocar así —dijo la muchacha—. ¿Tú eres el sobrino de mi madrina?

—Sí. Humberto Parra Martínez. Mucho gusto —contestó él, ofreciendo su mano derecha para estrecharla en la presentación. La chica le correspondió con una mano tersa, casi albina, dedos delgados y uñas cortas pero aún femeninas.

—Susana Gómez, un placer…

Ella lo miró excitada, repasando escrupulosa la tez morena clara de Humberto, como le gustaba de los hombres, el cabello corto, castaño y seco cual bestia de monte, la catadura varonil en la que ni él mismo reparaba y sobre todo el sutil olor de su piel sudada acentuado con el encierro, le pareció que el muchacho desprendía un vaho seductor que, lejos de repugnarle, la dejó fascinada en el mismo umbral de la puerta, a sólo dos metros de su piel transpirada. María Eufrasia se lo había descrito con epítetos perfeccionistas que exageraban sus virtudes al extremo de causar en ella una intensa expectativa. Al verlo con los pantalones cortos y la franelilla ceñida de sus partidas de fútbol, la chica creyó ver al mozalbete perfecto: bello, inteligente, simpático y de familia adinerada. ¿Tendrá novia?, se preguntó para sus adentros. Se acercó a preguntarle si podía enseñarle a tocar el instrumento.

—Es fácil, si tienes oído musical –dijo Humberto.

Sin que ambos se esforzaran ya estaban juntos ante los tamborcitos, él dirigiendo la cadencia de Susana mostrándole algunos toques mientras ella se solazaba con el contacto carnal y de inhalar el hálito de la voz cálida y firme que le indicaba cómo afincar las manos en los cueros. Humberto miraba de soslayo el escote provocador que anunciaba unos pechos robustos, pecosos y de evidentes pezones erectos, le dio gusto el garbo cautivante y la sonrisa de la muchacha cuando admitía su torpeza para aprender, los sutiles vellos dorados de los antebrazos, casi imperceptibles, y no pudo contener la descarga volcánica de adrenalina que le hizo arquear el cuerpo con brevedad, como si ensayara un orgasmo, hasta dejarlo paralizado en un éxtasis inexplicable que Susana advirtió cuando dejó de ser guiada por unos segundos. De repente, María Eufrasia irrumpió en el cuarto junto a su cuñada del alma.

—Me voy, hijo. Que Dios te bendiga — se despidió Mercedes, con un abrazo y haciendo la señal de la cruz en la frente de Humberto.

Lo que sucedió en las horas siguientes le resultó tan fascinante como insospechado a pesar de cuanto había leído de los ritos de iniciación yoruba. Recordaría que Susana se fue en su propio carro, regalo de graduación de bachiller dado de su madre, pero antes le prometió que volvería para continuar conversando dedicándole un guiño malicioso y besándolo en la comisura de la boca. Salvo aquello, pocos detalles guardó con nitidez. Entró con María Eufrasia al baño con la vergüenza de que ella lo viese desnudo. Le preguntó si era necesario estarlo. "Entonces ponte de espaldas a mí, penoso", dijo su tía, divertida de tanto pudor cercano, "Ya estoy experta en cojones de tanto verlos de todos los tamaños y colores por todos mis ahijados. Ya ni me emociona". Le desgarró la ropa, lo hizo meterse a la ducha para que se bañara con un jabón que le entregó, con la advertencia de no despilfarrarlo, y que era usado de costumbre. Su olor no le pareció familiar pero su textura se asemejaba a la de un jabón de avena, porque le raspaba la piel al restregarse. En la rogación de cabeza fue vestido con la muda de ropa blanca pero antes de colocarse la pañoleta en la cabeza María Eufrasia, rezando en yoruba para que el *Eleddá* (el ángel guardián) de Humberto interviniera en la purificación, le untó en mitad del cráneo, en la frente, en las manos y en los pies un emplasto blancuzco y de un aroma que él sintió desagradable, aunque reconoció entre sus ingredientes miel y coco. "Sí, tiene miel de abeja y ralladura de coco: quita la cara de repugnancia. También está hecho de cascarilla y aceite de corojo", dijo su tía, adivinando su curiosidad mientras lo llevaba al cuarto de los santos. Era la primera vez que Humberto escuchaba la palabra corojo. Supo al día siguiente que se trataba de una palmera común en Cuba y cuyo tronco era mas grueso en el centro que en la base y la parte alta.

Al empezar la *moyugba* incrementó su atención. Ya había leído que consistía en la invocación de los *eggun,* los espíritus de ancestros y demás babalawos de la misma casa de santo (familiares ya fallecidos, padrinos o madrinas de su padrino, babalawos y santeros amigos). Comprendió en aquel momento, como nunca antes, la devoción de su tía al pronunciar los rezos en dialecto lucumí con dicción de africana pura y cadencia de experta. Solamente pudo reconocer entre la retahíla de frases los nombres de algunas personas (entre ellos el de su padre y sus abuelos) y de los santos, como Elegguá (a quien le escuchó nombrar primero), Obatalá, Changó, y hasta su propio nombre completo. Intentó contar la totalidad de caracoles mientras eran movidos por María Eufrasia y concluyó que eran dieciocho. Eran de los llamados cauríes, que presentaban una capa que el santero retiraba, limado para que los caracoles tuvieran una cara lisa y otra con una brecha, de manera que el orisha podía expresarse por intermedio de ellos según las combinaciones al caer. Vio a su tía rociar un poco de agua en el piso. Recibió de sus manos los igbos, un par de piedritas, una oscura (más bien le pareció una semilla desconocida) y otra blanca, que era como una bola de cascarilla, para que las batiera dentro de sus manos cerradas y las separara luego; así quedaría una piedra en cada una de sus manos y de ello dependería la respuesta afirmativa o negativa de los santos.

—Cuando te diga, abres la mano que te señale —dijo María Eufrasia—. Así sabré si la respuesta es sí o no, aunque me imagino que ya lo habrás leído en algún libro.

María Eufrasia reunía los caracoles entre sus manos rechonchas y los echaba sobre la mesa, escrutaba con cuidado sus posiciones y hacía una anotación en un cuaderno escolar. Anotaba frases cortas o signos ininteligibles para Humberto, que los miraba con estupor.

—Me dicen que los santos que tienes una fuerte conexión con Dios —dijo María Eufrasia—. Pero, con mucha frecuencia, te sientes solo, desamparado, incomprendido.

—Definitivamente sí —dijo Humberto, avergonzado de ver debilidades suyas al descubierto.

—¿Por qué?

—Porque mamá no me entiende, nunca ha entendido mi naturaleza ni mis creencias, y a veces dudo de que sienta más amor por mí que ganas de hacerme ser de determinada manera. Casi siempre que le digo algo no me presta atención. A veces creo que no le importa conocerme bien sino que le obedezca y piense igual que ella. Y, en general, reconozco que no soy tan sociable como quisiera. Algo ocurre con mi manera de ser que en momentos me produce desgana ante las actitudes de muchos de quienes me rodean. Me refiero a mis compañeros de estudio, vecinos e, incluso, parientes. Quiero creer que es una transición propia de mi edad.

—Tienes el recuerdo de un hombre que sientes que te hace falta. Te amó mucho.

—Mi papá.

—Abre tu mano izquierda.

—¿Papá me protege desde el más allá?

—Por supuesto, niño. El amor no es material, es etéreo, es una energía atemporal, divina, sin barreras que la obstaculicen. Por eso no puede ser impedido por la muerte física. Óyeme, aquí me dicen que no estás tan solo como parece. ¿Tienes un amigo o vecino muy cercano a ti, con quien conversas mucho? Es misteriosa esa persona.

—Sí. Ese amigo sabe mucho, es muy informado de todo, maduro, y me ha ayudado a ver distinto el mundo y a buscar respuestas en mí mismo. Se llama Arístides.

—Ten cuidado con ese muchacho. No es malo, pero no pierdas la cabeza por su causa. Mercedes m habló de él hace rato. No estoy segura de que sea el tipo de persona que te conviene como amigo.

—Ya mamá me lo ha dicho.

—Me dicen que quieres hacer un viaje dentro de unas semanas o meses

—No sé. No tengo planeado nada con mamá. Podría ser en vacaciones.

—Abre tu mano derecha. Déjame anotar aquí algo. Ay, no, me dicen que una mujer en tu casa, supongo que es Mercedes, debe revisarse el cuerpo. ¿Está enferma?

—No tiene nada, que yo sepa.

—Y tú, me dicen los santos, debes cuidarte la cabeza, el cerebro. No sé si refieran a un golpe o a…. —hizo una pausa desconcertante, pero Humberto prefirió no hacer ninguna pregunta impertinente-. Bueno, de todos modos, cuídate del estrés, mi niño. En esta era tan ajetreada parece difícil. Lo sé por experiencia propia.

—No hay problema. Pondré de mi parte.

—Repito: debes estar pendiente de ese muchacho del que te hablé. ¿Cómo dijiste que se llama?

—Arístides.

—Él guarda un secreto, sabe algo que te va a mostrar o ya te mostró. Espero que no sea un mariconcito enamorado de ti. ¿Tiene familia, hermanos? Me dicen que está acompañado.

—No le conozco familia. ¿Por qué me lo dices?

—Hay huéspedes o visitantes que van a tu casa, niño, y no te sientes cómodo con su presencia. No pelees con ellos. Su origen no es humano. Me dicen los santos que alguien en tu casa los atrajo.

¡Bendito Dios! Sé consciente de lo que acabo de decirte.

La consulta continuó con algunas preguntas de Humberto sobre su futuro y su desarrollo espiritual, las respuestas eran las mismas: era un muchacho de alma evolucionada, su capacidad para amar y crecer aprendiendo era inconmensurable, pero que su futuro era como una moneda en el aire sin determinar de cuál lado caería, que viajaría y que se sentiría feliz en su morada de destino.

El rito final fue el de la imposición de los collares. Su prima María Victoria entró al cuarto atendiendo el llamado de su madre para que fuera su asistente, pero María Eufrasia usó una palabra en yoruba que Humberto no comprendió. Él se arrodilló. Su tía, enfrente, le mostró un collar de canutillos rojos y negros intercalados.

—Ha llegado el momento de los eleketes. Éste es el collar de Elegguá, el orisha que abre los caminos, el más importante de los guerreros. Se le dan ofrendas los días lunes. Le gusta el pollo, el ron, los dulces. En el sincretismo con la religión católica es asociado con el Divino Niño Jesús de Atocha. Lo voy a soltar para que, si se te cae al piso, no se enoje. Lo recogerás, lo besarás y te lo pondrás.

Y así hizo Humberto.

—Éste es el de Yemayá —dijo María Eufrasia mientras sostenía un collar de cuentas azules y otras pocas blancas—. Domina los mares. De su vientre nació la humanidad y los orishas, por supuesto. Lo soltaré y harás lo mismo que con el collar anterior.

Humberto, lo recogió, lo besó y se lo puso.

—Éste es el de Ochún —dijo María Eufrasia. El collar era de canutillos amarillos, blancos y cobrizos—. El sincretismo la ha asociado con la Virgen de la Caridad del Cobre, patrona de Cuba. Era hermana de Yemayá. Es la regente de los ríos, del matrimonio, del dinero. Protege, sobre todo, el área del abdomen, por eso las mujeres embarazadas, o que quieren estarlo, buscan su bendición. Se le dan las ofrendas los días miércoles, pero no arrojaré el collar al piso porque es el santo de María Victoria.

Tomó el collar de las manos de su tía, también lo besó y se lo puso. María Eufrasia, de inmediato, le enseñó el collar blanco por entero.

—Éste representa a Obatalá —dijo—. Dueño de las cabezas, creador del mundo, el orisha más sabio. Vive en las cimas de las montañas. Prefiere las ofrendas de coco, maíz, algodón. Su sopera debe estar por encima de las demás. El sincretismo le relaciona con la Virgen de Las Mercedes católica. Lo soltaré: ya sabes que hacer.

Cuando Humberto se puso el collar su tía se quedó absorta mirándolo.

—No tengo dudas, niño —dijo ella—. Debes de ser hijo de Obatalá.

El quinto collar tenía canutillos blancos y rojos intercalados. Era el de Changó.

—Se asocia con Santa Bárbara bendita —dijo María Eufrasia—. Es el orisha de la gente emprendedora, alegre y gustosa del sexo, autoritaria, pendenciera. Señor del rayo, de la virilidad. Come chivo, gallo, y banana, que es una de sus frutas favoritas. Es uno de los santos más populares y del cual muchos creyentes solicitan ayuda. No lo soltaré para que caiga porque soy hija de Changó y tu madrina de santería.

Humberto lo besó y se lo puso. Se levantó y su tía le indicó que cruzara los brazos pegados al pecho para darse el abrazo que daba fin al ritual: tocándose los hombros y los codos recíprocamente.

—Bienvenido a la religión yoruba —dijo María Eufrasia sin poder contener las lágrimas—. Ahora deberás cenar en una estera, como a la vieja usanza.

Comió la carne guisada, el arroz y el plátano horneado que quedó del almuerzo. Ni siquiera la curiosidad y la excitación de las últimas horas le había disipado el apetito. ¿Aquellos huéspedes de la casa son quienes creo que son?, pensaba al masticar, ¿Y a qué viaje se refieren los santos?

Al despertar en la mañana siguiente sintió el inconfundible olor de las cachapas en el budare que preparaba María Alejandra mientras su hermana y su madre continuaban durmiendo, y salió a la cocina a ayudar en la preparación. María Eufrasia llegó al momento justo de servir el desayuno tras dar unos rápidos buenos días.

—Ya que terminaste de comer voy a decirte algo serio —dijo tras el último bocado de su sobrino. Su cara demostraba la importancia de lo que quería revelarle.

—¿Algo malo? —dijo Humberto.

—Algo que debes saber por completo: Ayer, mientras sudabas la ropa, llamé por teléfono a una señora, amiga desde hace años, que es médium, ¿sabes qué es eso?

—Por supuesto.

—Esta señora, su nombre es Milagros, ha desarrollado y controlado su facultad de hacer viajes astrales, puede ir a cualquier sitio en este plano sin necesidad de transportar el cuerpo físico, y le pedí que fuera a tu casa y averiguara qué te perturbaba. Me ha dicho que allí visitan entidades que han decidido no hacerse visibles por ahora y que desean comunicarse contigo. No son de este planeta. Es decir, son, para que lo entiendas mejor, espíritus extraterrestres. Le hicieron saber que alguien los había llamado. Han venido para observarte y determinar si estás preparado para un acercamiento más concreto. ¡Por Olofi santo!

Humberto se hallaba petrificado en la silla. No dijo nada ni asomó una mueca que delatara su reacción. Su tía le puso la mano en el hombro transmitiéndole su apoyo con la mirada pero él permaneció inmóvil, y luego la otra en el otro hombro hasta que lo zarandeó y por fin Humberto parpadeó.

—Me hubiesen podido llevar en una nave espacial, como yo pedía en mis oraciones a Dios —dijo, con el sentimiento mixto entre el lamento y el alivio.

—¿Eso es cierto?

—Definitivamente sí. Hace años, cuando pasaba mucho tiempo leyendo libros sobre platillos voladores y testimonios de abducciones, me iba a dormir luego de conversar con Dios, como lo sigo haciendo, y en aquellas veces al final pedía con mucho fervor tener la oportunidad de ver de cerca de una nave extraterrestre y poder compartir ideas con esos seres de otros mundos para que me enseñaran cosas, para que me dieran consejos y ayudar a mejorar el planeta con el ejemplo. Hasta llegué a desearlo como regalo de cumpleaños por varios años. Yo pedía un acercamiento pacífico, fraternal, como el que quisiera que un día tenga toda la raza humana con ellos, donde yo también les enseñara sobre los humanos, porque pienso que podemos colaborarnos recíprocamente. Ese no es un mal deseo ¿o sí?

—Te aconsejo que dejes esas lecturas y que no le pidas más a Dios cosas por el estilo. Date cuenta del susto que le has hecho pasar a tu madre. Le dije a Milagros que hiciera un trabajo para alejar de ti a esos espíritus.

Aquella mañana María Eufrasia lo llevó de regreso a su casa en su Ford Malibu celeste, modelo 1982. Le recomendó, por último, que antes de ponerse los collares, los tomara y se hiciera con ellos la señal de la cruz, y que se los quitara al bañarse y al tener relaciones sexuales.

—Tú sabes que hay que mostrarles respeto —dijo en la advertencia.

El resto del día escuchó música en la radio, almorzó media bandeja de lasaña que encontró congelada en el refrigerador. En la tarde durmió la siesta de dos a cuatro. Mercedes llegó casi al anochecer. No tenía idea de cómo sería recibida. Pensar que su único hijo estuviese volviéndose loco o atormentado por cosas que solamente existían en su mente también la haría enloquecer. La noche anterior se afanó en la biblioteca de la casa y encontró libros especializados para corroborar si era anormal que Humberto oyera las voces, y encontró un término nuevo para ella: Clariaudiencia. Consistía, según la definición del autor irlandés Brian Inglis, en el término empleado, desde mediados del siglo XIX, para el fenómeno de escuchar las "voces y sonidos que se oyen en el oído interno como si fuesen reales. Actualmente se considera una forma de clarividencia en el sentido amplio de la palabra. Puede ser, no obstante, telepática o precognitiva; a veces también se manifiesta como producto de una aparición". La lectura de antecedentes históricos (las voces que Juana de Arco escuchaba desde pequeña, los mandatos que el profeta Samuel recibía del Señor, el demonio guía que daba instrucciones a

Sócrates) la enfrentó con su mayor temor: el desequilibrio mental de Humberto. De manera aleatoria, decidió indagar en la biografía de uno de estos personajes y al escoger a Juana de Arco se horrorizó al descubrir que la causa de su muerte en la hoguera fue escuchar tales voces. Que Humberto terminara execrado de la sociedad, desasistido y menospreciado por afirmar que escuchaba o veía cosas era una afrenta que ella no estaba en capacidad de soportar dado el talento y las formidables cualidades que derrochaba su hijo, a pesar de estar consciente de que es el destino común de muchos chiflados. Lejos estaban los días en que la gente era ejecutada por tal motivo acusada de brujería, pero aún molestaba a Mercedes la sombra de duda sobre la clariaudiencia como manifestación de demencia incipiente. Al verlo en la sala viendo televisión, disimuló bien su angustia. La conversación entre ambos fue breve.

—¿Cómo te sientes, hijo? dijo. Quería hacerle muchas preguntas.

No hubo respuesta por varios segundos, sólo un hondo suspiro seguido de una sonrisa. De pronto, la miró.

—Bien —dijo sin dejar de sonreír—. Tranquilo, lleno de paz. Mira mis collares.

—Son bonitos. ¿Tienes hambre?

—Sí, pero ve a descansar. Yo me prepararé un par de sándwiches.

A medianoche se acostó a dormir. Tomó el frasquito de cascarilla que le regaló María Eufrasia, lo abrió, metió su dedo índice y se pintó una cruz en la frente, en el pecho, en las palmas de las manos y en los pies, como ella le había indicado. Encendió una pequeña lámpara pues no dormiría a oscuras por lo menos durante las primeras noches hasta recobrar la confianza necesaria para relajarse. Antes de acostarse se detuvo en el centro de su dormitorio y absorbió el silencio impasible de su encierro con los ojos cerrados y aspirando profundamente. Pasaron varios segundos. Entonces, con una determinación sorda, casi visceral, miró el techo y las cuatro paredes y empezó a proferir una sincera proclama de despedida:

—Seré sincero y franco con ustedes: así como los invoqué para que vinieran les pido que ya no tengan más contacto conmigo. No me siento preparado para un encuentro cercano con ustedes. En verdad no medí las consecuencias de mi anhelo ni de la intensidad de mis rezos por conocerlos. Quiero volver a dormir en paz, no tenerle miedo a la oscuridad. Sean comprensivos con este adolescente que suele equivocarse y que a veces no entiende lo que quiere.

Entonces, ya echado en la cama, amainó la tensión de sus músculos y confió en que podía alcanzar el sueño sin nada que temer, pero otra vez comenzó el mismo trance de su angustia, la sensación de corriente eléctrica recorriéndolo de pies a cabeza, la inmovilidad, la presencia irresistible, y una voz masculina (su propia voz, la reconoció en seguida) que sólo pronunció una frase para luego dejarlo dormir por el resto de la noche: "Humberto, ya se irán los espíritus".

A partir de aquella noche pudo dormir sin desasosiego, no escuchó voces ni sintió la energía atemorizante, no despertó de madrugada sin ganas de volver a dormir. Los siguientes días le sirvieron para ganar popularidad entre su familia materna pues se encargó de explicar a su abuela, tías y primos sobre la religión yoruba (los collares, que sólo se quitaba para bañarse y dormir, se le notaban en la franja clara de piel no asoleada en la nuca), los trances nocturnos y su poder para atraer extraterrestres. Por tal razón en aquella navidad se le apodó *El poderoso*. No se cansaba de repetir el mismo relato varias veces al día, se divertía de ver las reacciones de sus oyentes. Durante la nochebuena Humberto fue el miembro más popular de la familia entera reunida: madre, abuela, siete tías y once primos. Todos se sentaron a su alrededor para escucharle hablar durante una hora y media sobre su experiencia reciente. Sus anécdotas llegaron a oídos atentos, sus parientes comprendieron el trastorno que implica la falta de sueño y apreciaron la historia como un material perfecto para una película. Mientras sus tías no salían del asombro, su abuela Delia parecía enterarse de un caso asombroso más de entre tantos que había escuchado desde niña, y Mercedes no pudo dejar de fruncir el ceño, aún aterrada con la sola idea de que a su hijo lo raptaran para llevárselo fuera del planeta. Ella, más que nadie, creyó que aquella desgracia podría ocurrir en cualquier momento a pesar de que el *trabajo de limpieza* (término usado por María Eufrasia) de la señora Milagros le pareció garantía de tranquilidad. La reacción mayoritaria de la familia fue de incredulidad cuando él mencionó el riesgo de un potencial rapto, salvo su abuela, quien no lo consideró broma ni exageración infundada.

En plena celebración del año nuevo, una semana después, luego de los abrazos continuos, un primo le gastó una broma señalando el cielo y diciendo que veía una luz roja con otras del mismo color, más pequeñas, alrededor. El semblante asustadizo del primo poderoso, el voltear la mirada como presintiendo una fantasiosa abducción frente al resto de la familia, la búsqueda ansiosa de algún brillo anómalo en el firmamento, fueron coronados con las carcajadas de los demás, que le palmeaban el hombro para que se relajara. "Si tú los atrajiste con tu poder, también podrás alejarlos", escuchó como consejos, unos con sorna y otros con total seriedad, "Sigue tu vida con normalidad, chamo", "Consíguete una novia que te ponga a ver estrellitas".

En la segunda semana de enero, cuando hubo comenzado el curso propedéutico, los compañeros universitarios recién conocidos no cesaban de preguntarle por sus collares, que si era brujo, que si creía en Jesucristo, de qué se estaba protegiendo, sin que ninguno de aquellos curiosos le diera importancia a su elegante estilo al vestir ni a sus perfumes costosos, ni a sus lentes oscuros tan a la moda, y que consintió en usar por seguir el consejo de Augusto Rey para atraer la atención de las chicas. Sin embargo, también se enfrentó a burlas como reacción a la defensa de su religión, en especial, las de un compañero, Adalberto, quien siempre se comportaba amigable con él, pero que al menor descuido, le sacaba los collares de la camiseta y hacía un nudo con ellos, y más de una vez estuvo a punto de romperlos, pregonaba a gritos que los santos no se ofenderían. Humberto, en su profunda actitud pacífica, apenas reaccionaba suplicándole que mostrara mayor respeto.

—Si supieras las anécdotas que conozco, lo pensarías dos veces antes de hacer tus payasadas con mis collares —le advirtió desde la primera vez.

—No me pueden joder si no creo en tus santos. Por eso no me preocupo —se defendió Adalberto. No volvió a justificarse pero mantuvo sus demostraciones públicas de burla contra la fe del muchacho.

Se dio cuenta desde el primer día de clases que el ambiente universitario era disímil al del bachillerato. No encontraba compañeros con quienes sentirse en confianza, como si supiese que jamás encontraría alguien con quien entablar camaradería (y hasta complicidad, diría él) como la que compartía con Augusto Rey. Daba y recibía un trato respetuoso de todos, pero tenía la impresión de que nadie lo consideraría como hipotético amigo. Su condición de santero y sus sobresalientes intervenciones académicas lo separaban del resto de estudiantes, que poco tardaron en creerlo engreído e imponer una distancia para con él que casi nadie quiso suprimir, lo notaban comedido y justo al opinar, exacto en su gesticulación y con un vocabulario tan profundo que produjo chanzas a sus espaldas en toda la facultad. A los ojos de los profesores se salía del promedio, de manera que los compañeros comenzaron a apodarlo Humberto, *el Perfecto* (un apodo más, debería acostumbrarme, diría él). Pocos decidieron acercarse a él e iniciar conversaciones más allá de lo meramente académico. Sólo dos jóvenes le buscaban conversación durante las horas libres o al comer en el cafetín de la Escuela de Letras. Se llamaban Elmer y Eduardo. Como fanáticos del fútbol les llamó la atención que Humberto vistiera camisetas de muchos equipos de las ligas profesionales europeas, de modo que aquel tema fue propicio para las primeras charlas entre los tres.

—¿Te gusta mucho el fútbol? —dijo Elmer en el primer acercamiento, en tono de broma.

—Definitivamente sí, hermano —contestó Humberto—. ¿Lo dices por mi camiseta?

—Casi todos los días traes puesta una de un equipo diferente.

—Y se ve que son originales —intervino Eduardo— . Son costosas.

—Yo las prefiero, más que por costosas, por lo cómodas que son —

dijo Humberto, que no gustaba de oír comentarios relacionados con su holgura económica.

Martes y jueves de cada semana durante tres semanas, los días en que varios profesores dictaban sus cursos introductorios, empezaron a compartir sus gustos criticando a jugadores y a entrenadores, a las selecciones nacionales. Humberto defendía a la Premier League inglesa como la mejor del mundo, por su vistosidad y agresividad, mientras Elmer y Eduardo alegaban que La Liga española tenía las mejores estrellas de los cinco continentes, y hasta vaticinaron que el campeonato sería del Barcelona F.C. y que hasta ganarían la Liga de Campeones de la UEFA. Pocas veces estaban de acuerdo, pero al final de las discusiones terminaban sabiendo más de lo que sabían antes de charlar y uno de ellos invitaba la ronda de cafés con leche. Humberto los invitó a que jugaran fútbol cerca de su casa un fin de semana próximo. Ambos aceptaron. De modo que todos los sábados a las cuatro de la tarde se reunían con los vecinos de Humberto a entregarse a las intensas partidas donde ganaba el equipo que anotar primero dos goles. Humberto no dejaba de dar gracias a la vida porque, con el paso de las semanas, la universidad, en medio de tantos prejuicios y rechazos ignorantes en su contra, le había dado un par de buenos amigos.

Aquel enero hubiese terminado sin ningún suceso trágico para Humberto de no haber sido por la muerte de Adalberto el día veintiocho, sábado. Un grupo de compañeros de la universidad organizó una fiesta de fin de curso propedéutico y principio del primer semestre en casa de una de las compañeras en La Florida, y Elmer invitó a por teléfono a Humberto en la mañana.

—La última vez que fui a una fiesta pasé un susto por beber cerveza más de lo acostumbrado, pero iré. Cuenta conmigo —dijo.

—Pasaré por casa de Eduardo y luego te pasaremos buscando, como a las nueve —dijo Elmer—. Recuerdo la dirección de tu casa.

A las nueve y treinta de la noche del sábado sonó el timbre. Mercedes, ya vestida de bata de seda para incrustarse en su cama, se asomó por la ventana de su cuarto. Humberto bajo de inmediato hasta la puerta, perfumado, estrenando unos zapatos de gamuza marrón y luciendo el cabello engominado.

—¿Ellos son tus amigos? —gritó Mercedes desde su ventana—. Preséntamelos.

— Definitivamente sí. Iré con ellos a la fiesta.

Elmer y Eduardo entraron y se sentaron en los muebles de la sala y aceptaron un vaso de Coca—Cola y una porción de dulce de piña y lechosa con manjar blanco que Mercedes les ofreció con un aire zalamero, demostrando la deferencia que Arístides jamás disfrutó de ella. Humberto lo notó indignado, pues ya no entendía con quiénes de sus amigos Mercedes era hipócrita y con quiénes sincera, aunque concluyó en cuestión de segundos que quizás con todos era hipócrita. Tras conversar quince minutos se despidieron.

—Nos vamos ya —dijo Humberto, autoritario, como si no tuviese madre a quien confirmar el permiso para salir.

—Ha sido un placer, chicos, pasen buenas noches —dijo Mercedes haciendo caso omiso al tono del comentario de Humberto—. Y tú, hijo, cuídate. Que te traigan temprano.

—Tranquila, mamá.

Durante el camino el Chevrolet Corsa de Elmer serpenteó entre calles no sin hacer piques improvisados con otros automóviles de tripulantes extraños. De repente, a punto de cambiar la luz del semáforo a verde, bastaba una mirada entre ambos capitanes al volante para convertirse en rivales hasta el siguiente semáforo. Entonces Humberto recordó por qué procuraba no participar de las imprudencias injustificables de sus contemporáneos, se tornaba lívido en cada recta fulminante y fugaz que se antojaba eterna. "No te desvíes. Lleguemos de una vez", imploraba con el estómago revuelto sin que el chofer le hiciera caso. Eduardo reía como copiloto cómplice que no veía tontería alguna en aquella travesura. "Aprovecha que la noche apenas empieza, bobo", dijo cuando el susto de Humberto llegaba al borde de sufrir un vahído en el asiento trasero. Y cuando ya parecía que seguían el camino hacia la fiesta a Elmer le dio por fisgonear en la avenida Libertador frecuentada por mujeres de alquiler, esas vestidas de minifalda insinuante y maquillaje acentuado que se exhibían como en un mostrador sin vidrios y se montaban en los automóviles de quienes se detuvieran comprometiéndose a pagar la tarifa respectiva. Les gritaban piropos galantes a las chicas, que reaccionaban con besos al aire y meneando sus pechos con las manos, o los maldecían gritando que las dejaran en paz, o callaban sin entender a los imberbes osados. Doblaron en una esquina a dos calles redujeron la velocidad para acercarse a una camioneta roja estrellada contra un poste de alumbrado público junto a dos cuerpos yertos y sin señales de vida que eran llorados por una señora atribulada que no atendía a lo que le decían los fiscales de tránsito que hacían su trabajo. Las facciones de asombro y repulsión de Humberto impulsaron las carcajadas continuas de sus compañeros, y no logró evitar sonrojarse por su ignorancia evidente.

—¿Nunca habías venido por aquí? —inquirió Elmer con ironía.

—¡Dejen de burlarse! ¿Por qué me han traído? —dijo Humberto, quejoso.

—Nunca está demás ver el tuétano de la ciudad de vez en cuando —intervino Eduardo—. Mientras duermes en tu comodidad de sábanas lisas y aire acondicionado la ciudad se mantiene viva en este en horario ignorado por muchos. Míralo bien, porque ésta es la vida de otra parte de la ciudad, del mundo.

—Proxenetas y prostitutas, bandidos que roban, policías que abusan de su autoridad, amantes escondidos, conductores suicidas, discotecas repletas de alcohol y droga, enfermos llevados de emergencia a recibir ayuda médica, violadores camuflados por la oscuridad y el descanso de la mayoría que como tú, termina sus días temprano y no sabe qué ha ocurrido mientras murieron a voluntad durante las madrugadas. Pero no significa que esas realidades no existan. Por eso hemos tomado este desvío: para que te asomes un poquito —agregó Elmer.

—Tanto ver y vivir esto a menudo —concluyó Eduardo— puede hacer insensible el corazón humano, ésa es una enfermedad masiva que sufre esta ciudad. Pero no concibo una manera mejor para que reaccionemos que viendo de cerca la barbarie que nos rodea.

El silencio que se apoderó de los tres durante los segundos siguientes convalidó la razón del   paseo y Humberto les puso la mano en el hombro transmitiendo su gratitud. Por fin cruzaron en otra esquina para internarse en la avenida Los Jabillos.

La fiesta se efectuó en una urbanización opulenta, con garita de brazo mecánico para entrar y salir, vigilantes privados y casas con cercado electrificado. El inmueble tenía dos plantas, y desde su fachada mostraba los altos ingresos de sus habitantes, en el estacionamiento los autos, en la sala los delicados adornos traídos de viajes al extranjero, en las salas de baño los grifos artísticos y tan singulares que parecían fuentes de plazas europeas. Allí vivía Felicia Testa, nieta de italianos abnegados que huyeron de la empobrecida Italia heredera del Holocausto para lograr una vida próspera y que por dos generaciones mantenían un exitoso trío de supermercados en el este de la ciudad. La anfitriona propuso la casa al quedarse sola por tres días debido a un viaje de sus padres. Había música a alto volumen, invitados sentados en tertulias a gritos y otros bailando en la sala, parejas besándose y manoseándose en el patio de luces apagadas, botellas de vodka, ginebra, whisky de doce años en la mesa principal para servirse los tragos como diera la gana, variedad de embutidos y quesos picados como aperitivos, humo de cigarrillos y botellas desechables de cerveza en los rincones. "Hagan lo que quieran, pero eso sí: no rompan nada", bramaba la anfitriona a cada rato. Al cabo de una hora Humberto no se había parado de la silla bebiendo cerveza ligera cuando pasó un susto. Sintió de repente una mano fría que le apretó el cuello por un segundo y otra que le sacó los collares de la camisa y casi lo ahorcaba. Era Adalberto en otra de sus irrespetuosas bromas.

—Miren al santero —gritó al resto de los jóvenes—. Vamos a ver si los santos aguantan juegos.

Y casi al mismo tiempo vació su botella entera de cerveza fría sobre los collares y mojó también a Humberto, que se zafó en seguida.

—¿Qué te pasa, hermano? —dijo Humberto, avergonzado, húmedo y con la furia a punto de brotarle por los poros—. ¿Estás borracho?

—Desde las ocho, más o menos —dijo Adalberto—. ¿Y tú cuantas te has bebido?

—Deja de hacer payasadas —dijo Elmer, que se acercó a Adalberto. Ya se había reunido alrededor un círculo de curiosos—. Muestra respeto, que estás en casa ajena y estás ofendiendo las creencias de Humberto.

—Ay, señoras y señores —gritó Adalberto. Bajó el volumen de la música—. El santerito tiene quien lo defienda. Los santos de mierda esos que tiene son quienes lo tienen que defender.

Y se abalanzó sobre Elmer y empezó darle puñetazos sin escatimar esfuerzo. Entonces, los demás reaccionaron separándolos. Se necesitaron cuatro muchachos para neutralizar la brutalidad de Adalberto. Ya Elmer sangraba por la nariz y lucía la vejada y quejumbrosa cara hinchada de quien ha perdido la pelea.

—Estás drogado —refunfuñó Humberto—. ¿No te da vergüenza que los demás te vean así? Cálmate.

Felicia llegó con otros dos muchachos que forzaron a Adalberto por los brazos y se lo llevaron hasta el patio trasero de la casa. Subieron el volumen de la música y la gente continuó lo que hacía antes del incidente. Humberto se alejó a un rincón de la sala, solo. Minutos después Elmer se le acercó.

—¿Te parece que Adalberto estaba drogado o lo dijiste para avergonzarlo ante los demás?.

—Por supuesto que sí estaba drogado —dijo Humberto—. Lo vi metiéndose cocaína en el baño, la puerta estaba entreabierta y no pude evitar verlo. También lo he visto drogarse varias veces en los baños de la facultad, pero creo que Adalberto nunca se ha dado cuenta de que yo lo he visto.

A las dos de la mañana Adalberto quiso irse de la fiesta. Hizo una llamada desde su teléfono móvil y sin despedirse de nadie registrándose los bolsillos de su pantalón para encontrar las llaves de su automóvil estacionado en la acera de enfrente. Llegando a la puerta del conductor se dio cuenta de que no las llevaba consigo. "Mierda", pensó, "dónde dejé las llaves". Se devolvió hasta la casa y mientras cruzaba la calle no pudo evitar que la camioneta rauda que cruzó en la esquina lo impactara en una embestida que pareció de animal en estampida, lo arrastrara varios metros por el asfalto hasta pasarle por encima con las cuatro ruedas, dejarlo inconsciente en medio de la calle y doblar en la siguiente esquina. Sin que pasaran diez segundos después una patrulla de la policía municipal atravesó la calle y frenó de súbito cuando uno de los invitados de la fiesta se paró en medio del camino e hizo un ademán para que se detuvieran. Un funcionario uniformado se apeó dispuesto a reclamarle al atrevido por interponerse en una persecución a un delincuente flagrante pero reparó en los curiosos que rodeaban el cuerpo echado en su propio charco de sangre.

—Una camioneta que pasó por aquí acaba de atropellar a un amigo mío – dijo el joven que detuvo la patrulla.

—Estábamos persiguiendo al conductor –dijo con frialdad el oficial–. ¿Sabe hacia dónde se dirigió después?

—No sé. El choque lo vieron ellas dos – señaló con el índice a un par de muchachas en minifalda que comenzaban a asimilar la conmoción–. Llamen a una ambulancia, por favor.

Así fue el final físico de Adalberto. La camioneta de su desventura era acechada por una patrulla policial tras un doble asesinato a seis cuadras (presumible sicariato a pesar de no movilizarse en motocicleta) que acababa de perpetrarse con los elementos comunes de la práctica criminal. Los oficiales no dieron más detalles de la persecución. No tenía placa de identificación, sus vidrios eran ahumados, no se sabía con exactitud cuántas personas se hallaban dentro, pero cruzó aquella esquina en el momento preciso y a la velocidad idónea para matarlo, siendo testigos un par de adolescentes borrachas, aparentemente lesbianas en flirteo, recostadas en el portón de la calle y criticando la ropa de las otras chicas de la fiesta.

Con aquel incidente Humberto se deprimió como jamás se le había visto por razón alguna. Aquella desgracia le era cercana, no sólo por significar una muerte sorpresiva e impune, sino por el conflicto de fe que originó. ¿Castigaron los orishas a Adalberto?, pensaba, Me cuesta creer que una deidad aplique un escarmiento semejante. No creía en la casualidad, y luego de escuchar de María Eufrasia el respeto que debía tributar a los collares de los santos y fetiches de los yorubas no sabía qué criterio tener. Estaba confundido. ¿Y si me he iniciado en una religión de dioses caprichosos? Su razonamiento lógico, los relatos de su tía y su fe estaban contrapuestos en su ensimismamiento. Si los santos son santos es porque dan amor, seguía pensando, ¿entonces por qué murió Adalberto de esa manera después de varias semanas burlándose de la santería? En aquellas cavilaciones también pensó en Arístides. Quizás su amigo podría darle respuesta a sus dudas. Suspiró al caer en cuenta de que tenía tres semanas sin verlo, sin saber noticias suyas. Se mantuvo sin visitar el cuarto de los santos de María Eufrasia cuando le hacía las ocasionales visitas con Mercedes. Para Humberto pasaron los días como páginas de un libro aburrido, incluidos los del asueto de carnaval en los cuales no quiso viajar sino enclaustrarse en su habitación y sus collares permanecieron guardados en el talego de fieltro blanco desde la última noche de Adalberto. Su sentido del humor se había dormido o enseriado al extremo de sonreír poco y parecer abstraído en una obsesión hermética, si bien jamás había sido un bromista constante. A nadie le celebraba un chiste bueno y hasta las comedias de la televisión satelital le parecían sosas. En la universidad, cuando comenzó el primer semestre de Letras, se tornó huraño, retraído, esquivo a voluntad, como si el resto de la facultad lo señalara de culpable de algún castigo expedito invocado a los orishas la noche de la fiesta, dejó de debatir en las clases y solicitaba a los profesores que los trabajos de investigación se los aceptaran en solitario, sin unirse a ningún grupo. Aunque no recibió ningún reproche ni nadie le endilgó en su cara alguna responsabilidad en la muerte de Adalberto ya él tenía la fijación enfermiza de creerse repudiado en silencio, de manera que de inmediato se aisló en su caparazón de vergüenza y precaución. Entonces decidió relacionarse en lo mínimo con sus compañeros, y para lo estrictamente académico.

El martes a las ocho de la noche Fascinante Planeta empezó puntual, como siempre. Transmitieron una grabación aficionada de un objeto en el cielo durante la noche del treinta y uno de diciembre. El dueño de la cinta declaró que eran las cuatro de la mañana cuando captó la luz resplandeciente hacia el norte de la ciudad, encima de La Colina. Al ver el objeto Humberto se pasmó. Era idéntico al que había visto junto a Arístides, a los que aparecieron en su sueño donde aparecía su bisabuela Nora. Recordó el momento en que, ya de vuelta de casa de su abuela tras la celebración de fin de año, miró al cielo asomado por su ventana antes de dormir, pero no pudo conciliar el sueño, no por escuchar voces sino por una extraña ansiedad, por una sensación abrasiva de tener una compañía invisible, como si alguien lo vigilara o protegiera desde algún lugar indefinible. Durante la pausa publicitaria sonó el timbre de la casa.

—Humberto, soy yo —oyó el grito de Augusto desde la puerta de la calle.

Llegó para contarle que había sido testigo del avistamiento de aquella cosa luminosa, aquella rareza inesperada propia de una película hollywoodense. Sabía que Humberto nunca se perdía el programa de Alicia Suárez y sintió ganas de confesarle su vivencia. Él, más que nadie, comprendería lo que Augusto no podía explicar.

—Tú sabes que yo no me fanatizo por nada ni acepto la versión más fácil de una vez —dijo Augusto—. Pero tenía apariencia de nave espacial, como las de las filmaciones aficionadas.

Vieron juntos el resto del programa, callados y sin saber cómo empezar a discutir el tema de las luces de modo que no se entreviera una miedosa curiosidad, un temido interés. Así, por medio de su vecino, Humberto se enteró de que el tan comentado objeto era el tema principal de conversación en la ciudad durante los últimos días, lo cual tranquilizaba su sospecha de que fuese otra oportunidad de avistamiento ignorada por muchos, porque en su inmanente mentalidad igualitaria no concebía fenómenos de la naturaleza o encuentros cercanos del tercer tipo (o de cualquier tipo, diría él) exclusivos para la contemplación y goce de una élite afortunada.

Se mantuvo meditabundo y silencioso, comía más por cumplir con su cuerpo que por apetito, se bañaba por la pura necesidad de no acudir desaseado a la universidad, y tal fue su apatía por todo que hasta se ponía sus prendas de ropa sin distinguir si estaban sucias o limpias y su dentadura sin cepillar corría el riesgo de ser diezmada por un incipiente sarro amarillento y una saliva pestilente, en extremo ácida, que le daban una apariencia poco menos repugnante que la de un mendigo entregado a la desidia total. Mercedes, harta de paciencia y briosa como cada vez que su determinación lograba cambios, lo tomó de un brazo y lo paró frente al espejo de cuerpo entero del baño contiguo a su cuarto recriminándole la apariencia desaliñada, el cabello largo y grasoso y despeinado como nunca lo había lucido, una barba de ocho días que parecía ensuciarle la cara, un tufo a sudor renovado con otro sudor. El tono suplicante de su madre zarandeó su dignidad y le hizo reflexionar sobre el extremo descuido propio al que había llegado.

—Por favor, chico. Demuéstrate el amor que te tienes —reclamó Mercedes, ya en actitud de reproche—. Mírate. No puedo creer que no te de vergüenza lo feo que te ves.

—Tienes razón, mami —contestó Humberto, humillado, sensato—. Me rasuraré y me bañaré.

—Por si se te olvidó, te recuerdo que hoy será la fiesta de cumpleaños de María Eufrasia, en su casa. No quisiera llevarte así de horrible. Dirán que te tengo encerrado en una jaula, como si fueses una bestia, y que te paso la comida y el agua por una ventanilla. Mejora tu aspecto para esta noche.

La casa de María Eufrasia era amplia, con cinco habitaciones, dos callejones de estacionamiento para los carros y un jardín en el porche cuya grama llana semejaba al plástico brillante en el calor dorado de la media tarde y las macetas de plantas diversas acaparaban el espacio junto a los taburetes donde se sentaban las visitas nocturnas. Allí había sembrados girasoles y rosas mostradas con jactancia por la dueña y que eran destinados a los altares de los orishas. Los invitados, la mayoría de ellos ahijados de santería que venían a traerle cuantiosos cheques a su adorada madrina, hicieron presencia desde temprano y de inmediato sus apetitos fueron estimulados por los aromas que desprendían los calderos hirvientes desde la cocina. Por nunca escatimar en ostentosidad, en aquel hogar no existía diferencia entre las fiestas de santería y los cumpleaños: demasiada comida y licor en despilfarro. Humberto y Mercedes llegaron a las nueve de la noche y ya estaba formada por completo la comilona, todos comían chivo guisado con arroz y plátano horneado, desde la cocina llegaba el vaho provocador de las delicias recién preparadas, había una pipa repleta de cerveza y hielo y cada quien cogía cuantas le apeteciera, junto al porche algunas parejas bailaban mientras las primas María Victoria y María Alejandra traían y llevaban platos y vasos, recogían desperdicios del piso y obedecían a regañadientes las órdenes de la anfitriona. Reconoció sin dificultad a una chica que bailaba sola, sin preocuparse por las actitudes lascivas de los hombres que la miraban y la poseían en su imaginación. Era Susana Gómez, la chica que conoció el día de su iniciación en la santería. Tuvo ganas de abordarla de inmediato pero prefirió esperar a que terminara de bailar, mientras tanto contemplaba el balanceo sensual de sus caderas, la oscilación natural de sus pechos en aparente lucha con la blusa que no los dejaba salir. Entre los invitados, la mayoría de ellos ahijados de santería de su tía, estaba la señora Milagros. Era una señora morena clara, gorda y contemporánea con su tía, de frondosa cabellera negra aderezada con un lunar de canas que iniciaba desde la frente. Vestía faldón morado oscuro, blusa ancha de estampado florido y unos collares plateados que no la hacían destacar ni pasar desapercibida. María Eufrasia la llevó hasta él y se lo presentó.

—Mucho gusto, niño —dijo Milagros con una dulzura y una voz mínima, como de susurro, que lo cautivó.

—Le doy un millón de gracias por ayudarme, señora.

—No hace falta, niño. Tú sabes muy bien lo que haces. Sólo debes dominar un poco el miedo. Lo que te ocurrió no significó una desgracia.

—No entiendo. Discúlpeme.

—Ven conmigo aparte. Vamos a conversar.

Se sentaron en el sofá grande de la sala. El resto de la gente estaba en el patio y de vez en cuando alguien les pasaba por enfrente para ir al corredor que llevaba al baño. El corazón de Humberto latía copiosamente, como avergonzado porque la señora pudiese adivinar cada uno de sus pensamientos. Me habrá visto viendo bailar a Susana, se preguntó de repente.

—No creas que querer relacionarte con los Hermanos Mayores es malo, pero debes estar preparado. De lo contrario, te pasaría lo mismo que al niño que no entiende muchas cosas que le dice un adulto —dijo Milagros—. Y ni siquiera me refiero al miedo que ellos producirían en un encuentro cercano del tercer tipo, como lo llaman.

—Eso es lo que yo siempre he querido. Y siempre me encuentro gente que me dice que estoy loco, que ellos no existen.

—Ahora te siento turbado. Tu campo vibratorio debe estar muy bajo. Supongo que te sientes triste, o confundido, ¿cierto?

—¿Qué dijo que yo tenía bajo?

—La vibración, niño. Para que lo entiendas, es algo así como tu energía de vida. Lo determinan los sentimientos y pensamientos, muestra la intensidad de tu fortaleza espiritual.

—Ya entiendo.

—Quiero darte este consejo: sigue buscando las pistas para que cumplas tu Proyecto Personal, que no es más que un ingrediente del Gran Proyecto Universal planeado por el Amor Divino para quienes encarnan en este planeta. Si tu destino consiste en tener experiencias con los seres del espacio exterior para que aprendas de ellos y ayudes a otros, entonces te recomiendo que no te rindas, y que te hagas apto para que ocurra.

—Pero a veces me dicen que...

—Que no te importe lo que digan los ciegos y los incrédulos. Lo que te debe importar es tu fe. Tú intuyes con vehemencia lo que existe más allá de esta experiencia carnal, ya eso es un privilegio de la lucidez que Papá Dios desde allá arriba te ha dado y que muchos no utilizan aun teniendo vidas largas. Mantén la búsqueda de tus respuestas, porque no estás perdiendo el tiempo.

Humberto, como cada vez que recibía algún mensaje que valiera la pena recordar, calló por varios segundos. Era su claro gesto de digerir lecciones. Entendió. Su sonrisa tímida fue satisfactoria para Milagros, que continuó elogiándolo.

—Puedes llegar a ser lo que quieras unidos siempre a Papá —agregó señalando con el índice hacia el techo de la casa—. Tienes el talento de un genio y un corazón noble. Apenas te conozco, pero es una fuerte corazonada, de esas que suelen ser ciertas.

—Por favor, dígame: ¿Usted pudo verlos?

—Sí, niño. Y te confieso con total seguridad que son feos, según los parámetros de belleza humanos: altos y delgados, piel pálida y dedos finos, ojos grandes y boca diminuta. Pero tienen hermosos ideales. Ahora, con tu permiso, voy a comer algo de lo que ha preparado tu tía. Ha sido un placer, niño.

En medio del corredor que daba a las habitaciones, separadas de la fiesta, las primas María Alejandra y María Victoria conversaban con Susana. Reían y las tres se miraban con un inconfundible aire de complicidad. Algo se contaban que ameritaba alejarse del resto de los invitados. A veces, Susana gritaba una frase cómica y gesticulaba con exageración, sus ademanes eran toscos, casi de niño, las groserías que decía sonaban redimidas de vulgaridad para lucir valiosas de espontaneidad y libertad. Sin que la presencia de sus primas le causara alguna distracción, Humberto escrutó de Susana el escote exagerado y la piel de perla refulgente bajo la diáfana tela blanca que terminaba en la cintura para que la falda rajada a la derecha tapara apenas la entrepierna prominente, que se notaba a distancia. Desde que había terminado su Iyaworaje, hacía seis meses, no desaprovechaba ninguna oportunidad para vestirse con la ropa insinuante que mostraba lo necesario para alardear atributos y a la vez dejar poco a la imaginación. Él se paralizó cuando la mirada de Susana atravesó el pasillo y se posó en sus ojos. Logró con esfuerzo no demostrar reacción con su cara inexpresiva y la respiración detenida. Ella se separó de sus contertulias y caminó hacia él. Humberto ya estaba sudando frío y empezaba a secarse con un pañuelo la grasa salada que le caía de las sienes. Ahora estaban frente a frente.

—¿Qué te pasa, galán? Yo no muerdo a los chicos bonitos —bromeó Susana, dándole una palmada en el hombro.

Él no respondió. Hizo un ademán de impotencia por no hallar la respuesta adecuada y se limitó a sonreír pensando de sí mismo lo bobo que se comportaba al querer sostener una conversación con una chica como aquella, que lo intimidaba y excitaba a la vez con la sensualidad que salpicaba y su desparpajo para hablar sin rodeos. La primera vez que la vio no se sintió así: se miraron, se rozaron durante unos segundos mientras tocaban el bongó de Changó, y se cruzaron algunas palabras convencionales. Pero en aquel instante no encontraba manera de estar a la altura de aquella malicia y aquellos arranques de sinceridad de los que María Eufrasia le había advertido acerca de Susana. "Es una muchacha muy impulsiva, ve la vida como un chiste", le escuchó decir cierta vez a su tía, "Es una genuina hija de su santo".

—¿Por qué? —replicó Humberto, dispuesto a sacar información con facilidad—. ¿Qué ha hecho para que digas eso?

—Soy su madrina y la quiero mucho, pero sé de sus andanzas y no la apoyo. De hecho, la regaño bastante por sus actitudes, por cómo hace darle dolores de cabeza a su madre. Su vida se me parece a la del mismísimo Changó.

Entonces María Eufrasia le recordó que Changó era la deidad del relámpago y del rayo, de los tambores y festines, vencedor de cuantas batallas libraba y ángel guardián de los amantes apasionados, de los impulsivos y rebeldes. Según un antiguo patakí, teniendo a Oba como esposa, se unió en amores con Oyá, cuando aquella perdió su belleza por cumplir con sus deberes maritales; también mantuvo amores impulsivos con Ochún, quien le brindó auxilio. Yemayá, que lo crió como una madre, le dio muchos buenos consejos, pero la personalidad tan antojadiza del orisha no era fácil de persuadir. De hecho, un viejo historiador cubano le refirió años atrás otro patakí que mencionaba que Yemayá sedujo a Changó cuando lo descubrió buen mozo y apto para el amor, y a quien Changó poseyó en una postura inusual luego de superar el asco inicial.

—No es de extrañar la vida atribulada de Changó —añadió María Eufrasia—. Hasta su origen fue dramático. Otro patakí cuenta que Agayú era quien en una canoa trabajaba trasladando a la gente de un lado al otro del río. Cuando Yemmú viajó con él le dijo que no tenía cómo pagarle el servicio, de modo que le ofreció su cuerpo. De esa lascivia fue engendrado Changó. Cuando éste preguntaba a Yemmú por su padre, ella siempre respondía con evasivas hasta que un día le reveló la verdad y entonces Changó fue en busca de Agayú, Al encontrarlo, su padre lo desconoció maldiciéndolo con un poderoso soplo de su aliento de fuego y lava que elevó a Changó hasta el cielo. Olofi santo, al verlo, se conmovió y lo dejó en brazos a Yemayá, que lo tomó en adopción. Con el paso del tiempo Agayú se arrepintió de su actitud y se hizo amigo de su hijo. Por eso, cuando alguien se inicia con Agayú también debe recibir a Changó

—Supongo que la han aconsejado para que cambie la conducta. ¿Te ha hecho caso alguna vez?—intercedió Humberto por Susana. La atribulada juventud de la chica le producía una singular ternura, unas ganas de dar ayuda que no recordaba haber sentido por otra persona—. A esa edad es usual cometer tonterías. Quizás les ha faltado mejorar el tono al aconsejarla y ganarse su confianza.

—Claro que sí. Betzabeth, su madre, me la trajo para consultarla. Se hizo su santo. Eso fue hace un año y medio, y en verdad se le vio más tranquila, pero tan pronto terminó su etapa de Iyawó se fugó de su casa, regresó dos meses después, llevaba a su casa amigas con una apariencia de lesbianas imposible de disimular, dejó la carrera de Derecho con un semestre medio reprobado y que le costaba un ojo de la cara a la pobre Betzabeth. Un día llegó a su casa y encontró a Susana frenética, excitada, como si hubiese consumido drogas y alcohol, estaba con unos amigos, todos semidesnudos, y la sala olorosa a hierbas raras. Era una orgía.

—¡Tremenda la muchacha! —exclamó Humberto, como

disimulando su compasión.

—Pues ten cuidado. Ella necesita ayuda, que le den amor, que la escuchen. Quizás ha sido el error de Betzabeth como madre: desatenderla.

Una palmada en el hombro y dos soles plateados en la cara de Susana lo hicieron volver de sus memorias recientes.

—Te ves como hipnotizado, chico. ¿No quieres hablarme? —dijo Susana sin saber si quedarse con él o apartarse.

—Estaba distraído, pensando. Discúlpame si fui descortés.

—Mi madrina me dice que te la pasas pensando, que eres un potencial genio con mil ideas en la cabeza. ¿Es vedad que puedes provocar situaciones y acercar a ti a quien quieras con el poder del pensamiento?

—Ella exagera.

—Pero me dijo lo que te pasó recientemente, tú sabes…

Susana señaló el cielo con el índice y le invitó a sentirse en confianza para que contara su historia. Lo convenció. Desde las primeras frases ella enmudeció al escuchar las descripciones sobre las voces, los desdoblamientos involuntarios, los sueños sin explicación. Palabra a palabra se acercaba más a Humberto, le posaba en el hombro una mano de uñas pintadas con esmalte rojo carmesí y le acariciaba el cabello. Él interrumpía el relato, tartamudeaba con el contacto de la mano delicada y adornada de anillos que le subía la temperatura y la cadencia de sus latidos, con el aliento tibio e inodoro que escapaba de cada palabra y cada risa que ella le prodigaba.

—¿Tienes novia? —interrumpió Susana. Hubo silencio. Advirtió que Humberto bajaba la mirada, vacilaba para contestar.

—Definitivamente no.

—¿Por qué, si eres tan lindo, bien educado, inteligente?

—Supongo que es por ser como soy. Estoy muy joven y tengo prioridades que atender. No

sé si estoy preparado para tener novia, si es que se debe estar preparado para tenerla.

—¿Es que acaso nunca has tenido?

—No. Y no me avergüenza decirlo.

—Yo te puedo ayudar al respecto.

El guiño del ojo derecho, el escote próximo, casi rozando su cuerpo, el tono persuasivo de Susana, le produjeron una descarga en la pelvis, una sensación desconocida en su calzoncillo que de inmediato le gustó. Estaba teniendo una erección. Le siguió la corriente, repitiendo el semblante seductor, sin convencerse de por qué lo hacía, hasta que los dos pares de ojos se acercaron tanto que no veían nada más, la respiración era acelerada, el cosquilleo imperante entre ambos seres ávidos de explorarse mutuamente movidos por un instinto irreconocible en la conciencia que solamente los hacía atender a sus ganas.

— Sé dónde vives —le susurró Susana finalmente y le metió un pedazo de papel doblado en el bolsillo de la camisa. Aquel paso lucía evidentemente planeado—. Mi número telefónico. Llámame cuando quieras, galán.

La vio alejarse y se quedó solo en el corredor. Se percató de que estaba mojado en su calzoncillo, pero no se había orinado, estaba lubricando, eso mismo que estudió en educación para la salud en segundo año de bachillerato, que teóricamente era fácil de describir, pero sentirlo era distinto, placentero. Entró al baño y se encerró para lavarse el pene pero pensando aún en Susana. Entonces reconoció que no podía calmarse, que se endurecía y ganaba volumen. Cerró los ojos, imaginándosela mostrando cualquier tipo de actitud, vestimenta y movimientos mientras se acariciaba a sí mismo, allí, un poco más abajo del ombligo (la palabra pene le parecía lingüísticamente pobre, le gustaban más otros apelativos, aún los más grotescos y graciosos), donde Mercedes y sus tías le habían enseñado desde pequeño que debía guardar suma higiene porque participaba en la formación de los nuevos seres y en el placer inigualable que tanta alegría y desgracia hacía pasar a los humanos. Se estaba dando el derecho a fantasear por fin con una mujer, como era de normal y acostumbrado en los varones de su edad, y entre las imágenes que cruzaron su mente se imaginó a Mercedes viéndolo masturbarse mientras contemplaba una foto de Susana para que se le borrara la idea de que era homosexual. Pocas veces se había acercado a su miembro para darse placer, aquella sensación de autocomplacencia aún le era nueva y misteriosa. Aunque nadie tocó la puerta para interrumpirlo, decidió no terminar. Respiró profundo y dejó de tocarse, como para demostrarse el grado de control propio, y salió de baño después de lavarse las manos. Sin embargo, más tarde, echado en su cama, consideró que debió llegar hasta la eyaculación porque el dolor en los testículos no lo dejaba dormir.

Desde aquella fiesta tuvo la certeza premonitoria de que volvería ver a Arístides. Soñaba a diario con su amigo pero no recordaba el contenido del sueño al despertar. Cada fotografía de luces publicada en los diarios o en las revistas o en los programas de televisión le hacía recordarlo. Desde su balcón se asomaba a la calle creyendo que lo vería, enjuto y sonriente, caminando rumbo a él para invitarlo a jugar fútbol como hacía dos meses que no iba. Mercedes le preguntó un día qué pasaba con Arístides, que ya no visitaba, no por querer que volviera, sino por mórbida curiosidad, quizás anhelando que le revelara que se había mudado de ciudad, o de planeta. Humberto respondió tajante:

—Un día de estos volverá.

En la noche del lunes llegó su tía Criseida, hermana tres años menor que Mercedes, para que fueran juntos al cine del Centro Comercial Plaza Las Américas, en El Cafetal, aprovechando que aquel día de la semana la entrada costaba la mitad del precio, como lo hacían desde que él era apenas un niño risueño y de moderado apetito. La tía Criseida era soltera de toda la vida, los pocos novios que tuvo compartieron la característica de ser divorciados con hijos absorbentes de tiempo y madres que les arrebataban cuanto centavo podían para la manutención de ellos, de manera que ella lidiaba con cada crisis existencial de sus parejas con tanto fervor como si fuesen propias hasta que se sintió harta de ayudar a solucionar la vida ajena mientras no encontrara a alguien dispuesto a solidarizarse con la suya. No se preocupó por encontrar pareja sino por consentir a sus sobrinos como si fuesen sus propios hijos. Los llevaba a la playa, les invitaba a comer en restaurantes afamados, les daba dinero para que dieran regalos a su persona preferida el día de los enamorados, y a los varones hasta les alcahueteaba las escapadas dándoles excusas convincentes a las respectivas novias, salvo a Humberto, a quien nunca le conoció pretendiente ni nada similar. Aquella noche no tuvo que insistir mucho para que su sobrino aceptara. Mercedes se excusó alegando un dolor en el vientre y el necesario descanso para pasar buena noche. Sin darse cuenta, ya Humberto comenzaba a reponerse del abatimiento por la muerte de Adalberto, regresaba a su rutina de universitario, de hijo único, de sobrino que empezaba a destacarse como el consentido de la familia (y por atraer seres de otro planeta, diría él con algo de humor negro). Acompañó a Criseida de buen genio. La película, una de esas comedias románticas que Humberto olvidaba pronto por considerarla un género de goce fugaz, culminó a las nueve en punto. De salida, antes de subir al carro parqueado en la sección del estacionamiento al aire libre, Humberto miró al cielo por costumbre inconsciente y lo sobrecogió el estupor.

—Tía, mira hacia allá arriba —dijo, a punto de empezar a tartamudear mientras señalaba con el índice izquierdo una luz color granate que se balanceaba sin orden en el firmamento, como jugueteando con las nubes.

Criseida suspiró asombrada. Diez segundos después entró al automóvil ante la curiosidad del sobrino y sacó del asiento trasero su cámara de filmación portátil Sony, que ya estaba pasando de moda. La encendió rápidamente y enfocó la luz danzante, nítida en la grabación (se cercioró de que la batería de la cámara alcanzara para registrar el fenómeno por el mayor tiempo posible). Las demás personas en el estacionamiento del cine atisbaban atónitos la oscilación sin orden de aquella luz. Criseida activó la función de acercamiento y pudo advertir que la luz era en verdad un objeto redondo con una luz roja en el centro y otras más pequeñas en el borde, como los del sueño de Humberto y como los publicados en las filmaciones y fotografías que habían proliferado por la ciudad durante las últimas dos semanas. La grabación de Criseida duró un total de cuatro minutos y veintitrés segundos, momento en el cual la luz pareció apagarse sin dejar estela ni dar chance para prever su desaparición, apenas dejó la impresión excitante en el ánimo de los testigos.

Ya de vuelta a casa, ambos revisaron la cinta, que estaba en perfecto estado, la grabación genuina y precisa. Podía apreciarse la forma del objeto y sus dimensiones con claridad. Por la hora de la grabación, Criseida añadió como una trivialidad que el avistamiento debió empezar a las nueve y diez, pero al sobrino no le pareció tan insignificante el dato, y se estremeció de puro pensar en alguna inteligencia o voluntad que planeara adrede la experiencia sólo para que él la disfrutara. Le mostraron la grabación a Mercedes, que de inmediato frunció el ceño.

—Te he aconsejado hasta el cansancio que te desintereses del tema —ordenó a Humberto—. ¿Cuántas veces tendré que repetírtelo?

—Pero yo solamente lo vi y tía Criseida lo grabó —refunfuñó el muchacho.

—¿Quieres que te lleven? —continuó Mercedes. Ya comenzaba sollozar. Se dirigió a Criseida—. Parece que a este malagradecido no le basta con haberme causado bastante preocupación en diciembre.

Criseida se la llevó a la cocina para calmarla. Humberto subió a su cuarto y siguió lamentando a solas su decepción, la incomprensión de Mercedes, esa miopía y sordera que no le permite creer en nada, diría él. Aún recordaba el objeto refulgente con más detalle que a la película que había visto una hora atrás. Antes de dormir no se hizo la cruz con cascarilla en la frente, ni en los pies, ni en las manos ni en el pecho, y como petición final en su rezo dijo a Dios que le diera la oportunidad de tener un encuentro cercano con los Hermanos Mayores no humanos, para aprender de ellos, compartir perspectivas sobre la maravilla de la creación divina, revelarles sobre las complejidades de los humanos, y que lo disculpara por dudar del camino que estaba seguro de seguir sin desviarse: el de la búsqueda de contacto cercano con ellos. Poco o nada le importaban ya las reprimendas de Mercedes ni su temor a los trances con voces ignotas durante los segundos previos al sueño, ahora tomaba consciencia de que era el dueño de sus anhelos. Volvió a meditar, a deslastrarse de la mente que lo embotaba con tanta información, con tantas ideas inquietantes, le costó esfuerzo llegar a un estado de *superconciencia* sin pensamiento donde solamente estaba el ser, donde se revelaba la diafanidad de los impulsos de su corazón contra los pensamientos tramposos que fatigaban su mente.

El veintitrés de febrero, un rato antes del ocaso, regresó Arístides. Cuando se apareció frente a la casa de Humberto vestía pulcro de pantalón de gabardina azul y una camiseta marrón oscuro de manga corta, una combinación por fin distinta al bluyín y franela oscura de siempre (a Humberto a veces le daba la impresión de que su amigo debía ser pobre o escaso de ropa porque la repetía a menudo). Tocó el timbre tres veces, como siempre lo hacía con un ritmo propio e inconfundible, y Humberto reconoció sin dudar quién llamaba. Se abrazaron al verse, se preguntaron mutuamente cómo estaban, qué cosas nuevas habían hecho, y Arístides lacónico pero sincero al responder, dijo que había viajado lejos para reunirse con sus hermanos pero que extrañaba su compañía y las partidas de fútbol callejero de los domingos por la tarde.

—Desde que te dejé de ver me ha pasado de todo —soltó Humberto, emocionado, y empezó a enumerar—. Me inicié en la santería, empecé las clases en la universidad, se murió un compañero de clases, por cierto, el veintiocho de enero. No me lo vas a creer, pero hace días junto a una tía materna vi una cosa luminosa en el cielo, como a las nueve de la noche. Era igual a lo que vimos en La Colina. Y ya que toco el tema, ¿recuerdas que no me respondiste cuando te pregunté cómo sabías…?

—Sé lo que intentas decirme —interrumpió Arístides—. Se te notan las ansias en la mirada. Para que estés satisfecho necesitaré que me acompañes de nuevo a La Colina. Espero que seas paciente.

—¿Por qué?

—Quiero que veas y sientas algo. Supongo que ya lo imaginas.

De pronto sintió aquel sigiloso temor a recibir una noticia inesperada, un inconfesable secreto de cómplices, a pesar de que la vez anterior en La Colina Arístides no le confesó que estaba enamorado de él ni mucho menos. Al contrario, le brindó una experiencia mística, difícil de olvidar. Sin embargo, se repitió la desconfianza infundida por Mercedes. Mamá quiere meterme todos sus prejuicios en la cabeza, pensó, pero no tengo por qué dejar de confiar.

—¿Me acompañas? —dijo Arístides batiendo su mano abierta frente a los ojos de Humberto —. Tomaré tu silencio como un sí.

—Sí, vamos. Voy a buscar una chaqueta.

—¿No se te olvida algo? Por si acaso…

Humberto subió corriendo hasta su cuarto para recoger su cámara portátil. "Entonces tú sabes algo", decía desde que salieron de la casa y durante el camino al cerro, "¿Acaso estás en contacto con ellos?". Arístides callaba, le guiñó un ojo al escuchar por primera vez la pregunta pero cambió el tema de conversación hablando del clima, de los postres deliciosos que preparaba Mercedes, de lo interesante que es la vida de un universitario, sin perder la sonrisa perenne ni el buen genio que lo hacía tan afable.

4

De nuevo vieron juntos lo que consideraban una maravilla. En el mismo sitio de la otra vez, a la misma hora, los mismos puntos rojos radiantes hicieron piruetas por entre las nubes espesas y se mantuvieron en estático por encima de ellos durante unos pocos segundos. Humberto las vio tan absorto que casi olvidó la cámara que trajo consigo. Sólo grabó dos minutos, y con cierta dificultad, debido al recorrido impredecible de las luces.

—Nadie podría negar la belleza de cuanto estamos viendo— exclamó Arístides.

Humberto, que ya había dejado de creer en la casualidad, estaba convencido por pura deducción que Arístides tenía alguna conexión con los avistamientos. Conocer el sitio con mejor perspectiva y la hora exacta no daba espacio a dudas. Si en algún instante el razonamiento incrédulo de Augusto Rey le hizo pensar que las luces no correspondían a naves espaciales, ahora confirmaba que sí lo eran y que su amigo se comunicaba con quienes las tripulaban. Mostrarse esquivo para contestar sobre la vez anterior era indicio de que las naves no eran de origen humano, que Arístides prefería callar para no mentirle.

—Por supuesto, hermano. Es una belleza —respondió Humberto. Apartó sus ojos de la lente y miró de frente a Arístides—. ¿Cuándo será la próxima vez?

Al terminar la pregunta, las luces se disiparon.

—Deberías conocer a mis hermanos —dijo Arístides—. Te los presentaré pronto.

—¿Tienes hermanos? Por cierto, esquivaste mi pregunta.

—No la he esquivado. Sé lo que quieres saber. Por eso quiero que conozcas a mis hermanos. Ellos son seres hermosos y creo que podrían ser buenos compañeros de equipo en nuestras partidas de los fines de semana.

—Tú sabes cuando ocurren los avistamientos. No lo puedes negar. Me voy de aquí.

Caminó a grandes zancadas, decepcionado por el mutismo de Arístides, que lo siguió hasta su casa manteniendo varios metros de distancia. Ambos tiritaban de frío a pesar de las gruesas chaquetas que los envolvían. Las calles entre la base del cerro y la casa las cubrieron apresurados, Humberto intrigado, encrespado y sin mirar atrás (cuán misterioso es tener la atención en otra cosa en vez de prevenir la aparición de cualquier maleante a esas horas tan oscuras, diría él), mientras Arístides, sereno, vigilaba el camino sin pronunciar palabra. Ya en la fachada de su casa, Humberto se detuvo y dejó que su amigo se acercara.

—¿Qué pretendes enojándote conmigo? —habló por fin Arístides.

—Si existe confianza entre ambos no sé por qué estás tan misterioso cuando te pregunto sobre las luces. Si me llevaste allá sabías que no iba a creer que aparecen por mera coincidencia.

—Ten paciencia, no te muestres impulsivo. Estás ávido de respuestas, pero sólo he querido complacerte cumpliendo uno de tus deseos cuando te vas a dormir —aclaró Arístides, y le guiñó un ojo—. Nos veremos mañana, para jugar fútbol. Duerme sin soñar, para que descanses.

Humberto lo vio voltearse, sin más, y cruzar en la esquina.

Hubo una frase de Arístides antes de despedirse que lo mantuvo pensativo varios segundos antes de entrar a la casa. "¿Qué quiso decir con mis deseos cuando me voy a dormir?", pensó, "¿Cómo sabe que…?". Sólo se lo había confesado a María Eufrasia, pero ella no conocía a Arístides. No había probabilidad de que Arístides lo supiera por medio de ella. Dejó de pensar en el tema, creyendo que quizás su amigo solamente suponía aquellas peticiones.

Encontró a Mercedes sentada en el comedor, pálida, marchita. Se le notaba con facilidad en el semblante que acababa de llorar. Se miraron en la penumbra de la sala diciéndose un hola susurrado. Ella esperó a que su hijo bebiera un vaso de agua fría de la nevera y lo llamó para que se sentara a su lado.

—Mi cielo —dijo por fin Mercedes mientras le acariciaba las mejillas—. Hoy me dieron los resultados de unos exámenes que me hice en una clínica, por mis dolores en el vientre. Lo hice en secreto para no preocuparte —y rompió a llorar sin remilgo cuando terminó de dar la noticia—. Tengo cáncer en el útero.

Humberto cerró los ojos tras un par de segundos empezando a asimilar la novedad y sintió el sofocante abrazo de su madre. La besó en la frente, como ella hizo con él en la triste tarde del entierro de su bisabuela Nora, en la triste mañana del entierro de su padre Rogelio, y que recordaría como los abrazos más reconfortantes que había recibido en su vida. Se cansaron de llorar cuando ya no soportaban la jaqueca sobrevenida.

—El médico dijo que está lo suficientemente avanzado como para no hacer esperar la quimioterapia y radioterapia —intentó consolarse a sí misma—. Pero tengo miedo de no aguantar lo necesario.

—Entonces no tardes en comenzar el tratamiento —sentenció Humberto. Se dio cuenta de que tenía más esperanza que su propia madre.

—Cuida de mí hijo. Me siento mal. Y me doy cuenta de que no es sólo del cuerpo, sino también del alma, y sé que no es desde hace poco tiempo, sino desde hace años, desde que no me acostumbré a estar sola, a no tener a tu padre a mi lado. Llamé a Criseida y Antera y aceptaron mi pedido de vivir con nosotros mientras duren las terapias, para ayudarme. Están en este momento en el cuarto de huéspedes acomodando sus cosas.

A partir de aquella noche empezaron los insomnios frecuentes de

Mercedes. Le tenía pavor a la muerte, se imaginaba próxima a ella. Lloraba encerrada en su alcoba. Sin embargo, siguió acudiendo a PDVSA, pero sólo durante las dos primeras semanas de tratamiento, porque la quimioterapia y la radioterapia la dejaban sin fuerzas y vomitando varias veces al día. Fue entonces cuando Criseida y Antera se hicieron cargo de ella como la lactante llorona que ya no era o como la anciana débil que nunca quería ser. Su humor cambiaba a ratos, de los trances depresivos e histéricos (con gritos y groserías incluidos, y Humberto estaba acostumbrado a verla así desde mucho antes de descubrirse el cáncer) pasaba a momentos de inexpresión y reflexión en los que respondía con monosílabos y daba la impresión de que la enfermedad era un recuerdo remoto, pero lo que nunca volvió a ser igual fue su apetito. Dejó de comer las mismas cantidades de antes y rebajó al mínimo el consumo de grasas y carbohidratos después de las dos de la tarde. Aquel no había sido el dictamen de ningún nutricionista, se volvió una regla impuesta por sí misma dentro de la paranoia de no dar al cáncer ninguna razón para subsistir ni para regenerarse en un organismo bien alimentado, en caso de que ella pudiese sobrevivir. Pero lo más irregular fue la costumbre de ayunar, o la falta de hambre, en la cual pasaba hasta dos días seguidos sin probar más que jugos de frutas. A punta de suero intravenoso combatía la deshidratación. "Me estoy arruinando por mantenerme viva porque no quiero dejar huérfano a mi único hijo y no siento mejoría", se quejaba siempre con el oncólogo por el tratamiento costoso y por su fluctuante esperanza. Ese motivo era el que le proporcionaba los bríos necesarios para querer seguir viviendo. Aunque me haya salido marica es lo que más amo en este mundo, pensaba, lo acompañaré por muchos años más.

María Eufrasia se enteró del cáncer de Mercedes por una llamada telefónica de Humberto y a los pocos minutos ya estaba en la casa y llegó hasta su cama con sus baños curativos para su eterna cuñada del alma y los ingredientes para un sancocho de gallina que según ella misma mataría las "células jodedoras" y hasta le darían ganas de hacer el amor de nuevo. Logró hacer sonreír a Mercedes. Llegó acompañada de Susana, que por aquellos días había regresado de una fuga repentina de su casa tras una agria discusión con Betzabeth, su madre. Las reprimendas a gritos de su madrina y la convivencia en casa de aquella le redujeron la altivez con que se sublevaba para justificar sus exabruptos, pero la misma María Eufrasia intuía que la extraña y reciente sumisión de Susana era pasajera, la conocía muy bien, pronto daría otros dolores de cabeza con otros retozos y otras andanzas reprochables. La gorda feliz (apodo impuesto por Humberto) llenó la casa de chistes y de chismes familiares para mantener a Mercedes de buen genio, y casi siempre lo conseguía. No se quedaba a dormir, pero junto a Criseida y Antera, vivía en la casa desde el desayuno hasta que su cuñada se acostaba dormir por las noches. Varias veces la llevó ella misma a la consulta con el oncólogo en su viejo Malibu celeste del ´82 (un automóvil que sus dos hijas consideraban eterno y comentaban con chanza que vería morir a su dueña, dentro de muchos años). Cuando no le podía provocar una sonrisa se la llevaba a la cocina, se adueñaba del espacio y se hacía asistir de María Alejandra y María Victoria, y de la propia Mercedes en la preparación de los almuerzos, tan cuantiosos (María Eufrasia siempre fue desmedida para hacer y ofrecer comida) que sobraba para alimentar a otra familia y a veces llamaban a Augusto Rey para que almorzara con ellos y se llevara un plato repleto para sus padres. Fue María Eufrasia quien mostró el temple que nadie quiso mostrar para prohibirle con tono autoritario que siguiera vistiendo la bata color hueso con que siempre la veía, y que a ratos, parecía despedir un olor desagradable, y le aconsejó volver a lucir los pantalones ceñidos y las blusa frescas y escotadas como en los tiempos de moza, cuando estaba recién casada y Humberto estaba lejos de ser engendrado. "Aprovecha que siempre mantuviste tu buena figura", se justificaba María Eufrasia, "No como yo, que si tuviera cincuenta kilos menos, y tus nalgas, no dudaría en lucirlas en la calle".

Después Susana hizo las visitas sola. Conversaba con Mercedes por un rato luego del almuerzo, hasta que ésta se postraba en su cama y dormía la siesta hasta las cuatro de la tarde. Criseida y Antera también terminaban de lavar los platos rendidas de sueño en uno de los cuartos de la segunda planta, en la cocina, o en los muebles de la sala, de modo que la casa quedaba silenciosa, el sosiego tenía una densa presencia, como si atizara presagios, el brillo de la tarde se detenía en las ventanas y mantenía los espacios interiores umbríos, frescos, soporíferos. Y en medio estaban Humberto y Susana para conversar Sin embargo, no hablaban tanto. Pasaban los minutos mirándose, comunicándose con monosílabos y con los gesto de sus manos, con las caricias someras que se dedicaban, inocentes las de él, maliciosas las de ella. Susana actuaba lujuriosa, impúdica en sus intenciones, consciente de cuanto trabajo le estaba costando seducirlo. Él era torpe en sus movimientos, pero su sinceridad y seguridad disimulaba su impericia y llegó a cautivar a la rubia que se dejaba tocar esperando un arranque exagerado de libido que la sometiera a la voluntad de un amante impaciente y de estreno. Era un nuevo deleite para él lo que hacía durante aquellos ratos: acercar su nariz a la mejilla de ella, rozar con sus dedos los hombros pecosos y casi desnudos, siempre con algo más por hacer, nunca llegando al beso, porque otra sensación lo desalentaba y detenía. Su madre estaba enferma, menguándose apenas a sus cuarenta y seis años, y allí Susana, a dos palmos, con su sexo ya lubricado, sus pezones erguidos y la mirada expectante. Aún no despertaría nadie de la siesta. Pero pensar en Mercedes mereció toda su atención, era su prioridad. Mas también Susana, era real y estaba presente, tan atractiva como en las fantasías que tenía con ella, lo suficiente como para abstraerlo a ratos del cáncer que padecía toda la familia. La boca que estuvo a punto de saborear el labial de Susana se apartó con lentitud, las manos dejaron de estar inquietas, el roce fue interrumpido y el retumbar de su corazón solamente hallaría fin explicando la situación.

—Discúlpame, pero no puedo continuar —dijo cabizbajo—. Me pasan muchas cosas por la mente, me siento mal. Mami está enferma. Ella es lo único en lo que estoy concentrado ahora.

—Te entiendo, no te preocupes —mintió Susana. De todas maneras, pensó que cualquier excusa interrumpiría que el acercamiento fuera más profundo—. Es hora de que me vaya.

—¿Te enojaste?

—Ya te dije que no te preocuparas, tonto. Ven, ábreme la puerta.

Por aquellos días Humberto dormía poco, hasta pasaba noches enteras insomne. Oraba a Dios para que le diera breve sufrimiento y rápida cura a su madre. Sus calificaciones en la universidad descendían a un estado nunca experimentado por él, no sólo por no concentrarse en las clases sino por no lograr entender sus propios apuntes ni los libros de consulta cuando se acercaba un examen. Todo era Mercedes, el cáncer, el riesgo de su hipotética muerte cercana, el reconcomio de ella por tener un hijo homosexual. Él no lo olvidaba, pero los ánimos no eran los idóneos para tocar el tema en las pocas conversaciones amenas que sostenían. Ella tenía que sobrevivir, luego se arreglaría el malentendido.

Entre las cavilaciones de sus insomnios predominaba el motivo del cáncer. Poco le importaba el desarrollo anormal de las células, estaba seguro de que el mal de Mercedes tenía un origen más allá de la materia corporal. Había aprendido de Arístides que las enfermedades empezaban en lo que los humanos llaman alma, que eran el producto de un desequilibrio de energía debido al manejo particular de sus emociones y pensamientos y que las predisponen para enfermarse al punto de que envían una información biológica al propio organismo que se mantiene como el sello de un animal marcado en una granja y cuya huella puede ser tan profunda que hasta podría heredarse a la generación siguiente y evidenciar un historial familiar de un mismo padecimiento. Hasta tal extremo respetaba Arístides el potencial autodestructivo del cerebro humano. Por ello Humberto se sentía culpable, por contribuir a la rabia y la tristeza de Mercedes, por cada discusión en que ella terminaba iracunda o decepcionada por la obsesión de él por los extraterrestres, por su amistad con Arístides, de quien ella decía convencida que era homosexual y consumidor de drogas, por motivar las sospechas de que le gustaban los hombres, por haber construido frente a ella durante los últimos meses un escudo difícil de sortear en el corazón, donde las emociones sinceras eran contenidas por la ausencia de interés, por el miedo al desacuerdo, por la divergencia entre sus maneras de apreciar la realidad y la fantasía, la verdad y la mentira, el amor y el rencor, la confianza y la apatía, la alegría y la desdicha, todo un cúmulo de sensaciones no compartidas que tenían como único consuelo el anhelo mutuo de que cada día no fuese peor que el anterior para no convertirse en perfectos extraños viviendo bajo un mismo techo. Reconoció, al intentar encontrar recuerdos felices desde la muerte de su padre, que no se habían entregado mutuamente un amor de la suficiente calidad como el que había aspirado darle y recibir de ella, y no quería que el cambio de plano de Mercedes le quitara el chance de mejorar la relación y redimirse mutuamente.

La acompañaba durante las tardes, a ratos con extensos silencios, a ratos comentando noticias de los periódicos o riendo al recordar las estrafalarias ocurrencias de María Eufrasia, de cuatro a seis. Ella acostada en su cama, él sentado en la silla de la cómoda. Había sido suspendida en su trabajo y le hizo sentir mejor porque ahora gozaba de mayor tiempo para pasarlo con Humberto. Él le hablaba de sus clases universitarias, de política, e incluso, chismes de los vecinos que le comentaba Augusto Rey, como un recurso premeditado para mantenerla distraída.

—Le conté a Arístides sobre tu enfermedad —dijo Humberto en una de aquellas tantas charlas—. Me dijo que quería verte, que no lo rechaces. Él no guarda ningún mal sentimiento hacia ti. Me ha dado consejos para sobrellevar estos días. Quiere que te cures.

—¿De verdad? —dijo Mercedes. No esperaba escuchar aquello.

—En serio. Todo lo que él vaya a decirte será por tu bien y, si pones de tu parte, podría cambiar tu perspectiva sobre lo que te ha pasado antes del cáncer y durante el tratamiento.

Algunas lágrimas brotaron y salaron los labios de Mercedes. Ahora comenzaba a entender que la actitud para desear y hacer el bien también era inherente a los desconocidos o a quienes creía lejanos, ajenos. Se sintió indigna de recibir buenos deseos de aquel de quien ella opinaba con desdén y a viva voz.

—Dile que venga a visitarme —dijo.

Al cabo de un mes de tratamiento Mercedes no se sentía mejor. En su consultorio pulcro de Clínicas Caracas, el oncólogo se lo explicó lacónicamente: "La quimioterapia, así como destruye las células malignas, suele destruir también las células sanas". Entonces la esperanza de sobrevivir fue disipándose como la humareda del cañón recién disparado. Lloraba cuando se veía ojerosa, demacrada, con el cabello rapado, repetida en el espejo de su cuarto. Consultaba en su computadora portátil el estado de sus ahorros bancarios y se daba cuenta de que si su tratamiento sobrepasaba la cobertura de su póliza de seguros, en algunos meses podría verse en la imperiosa necesidad de cubrir los gastos del tratamiento con sus ahorros y, junto con las cuentas habituales del hogar, correría el riesgo de perder liquidez. "Quien dijo que el dinero no compra la felicidad era un ingenuo, o un mentiroso", decía a quien tuviese cerca, "El dinero en abundancia podría mantenerme viva y eso sí me haría feliz". Planificó un recorte de los gastos menos necesarios y encomendó a Antera su ejecución inmediata. No quería estar sola por las mañanas, mientras Humberto estaba en la universidad. Entonces llamaba a Criseida y a Antera para que la acompañaran y éstas tenían que dejar pendiente cualquiera de los quehaceres, que no eran muchos, para atenderla, desde una conversación hasta prepararle alguna comida que le apeteciera de repente. A Humberto le pareció pertinente que su madre estuviese acompañada todo el día por sus tías. Él, a distancia, la veía sonreír para encubrir las ganas de llorar, haciendo un fatigoso esfuerzo por realizar las mismas tareas domésticas (los postres que se comían a media tarde, el lavado a mano de la ropa de tela delicada, el cuidado el césped del jardín frontal), cuando en el momento menos esperado vomitaba, se mareaba e iba a su cuarto a acostarse, a veces se le caían los objetos de las manos. No soportaba verla tan desmedrada, y por no querer sufrir viéndola sufrir la esquivaba a ratos. Se levantaba muy temprano para que su tía Antera lo llevara en su carro a la universidad queriendo que Mercedes no despertara y se encontrara con él. Era tanta la premura con que se alistaba que con frecuencia olvidaba echarse el desodorante y salía a la calle con las axilas desprotegidas, y lo recordaba al llegar al salón de clases, de modo que comenzó a cargar consigo uno de emergencia en un bolsillo de su morral. Algunas tardes las pasaba en la facultad sentado en el banco del corredor central viendo a otros estudiantes, a profesores, aparentemente sin cáncer, diría él con su raro humor negro cuando no se encontraba estable emocionalmente, haciendo las cosas cotidianas como impulsados por reflejos, como si ningún instante fuese importante, luego recordaba a Mercedes imaginándola capaz de dar cualquier cosa por hacer las mimas cosas como impulsada por reflejos, cada instante ahora cobraba una relevancia suprema (hacer las compras en el supermercado, limpiar su cocina, decir los buenos días a su secretaria al llegar a su oficina), porque las pocas cosas que ahora ella hacía no eran impulsadas sino por la nostalgia de extrañar los días en que ni sospechaba de padecer el cáncer, y por el miedo a no hacerlas nunca más.

En una de aquellas tardes en que no regresaba a casa temprano Humberto vio venir a Arístides acompañado de otros tres jóvenes. Eran en extremo blancos, casi albinos, altos, delgados, de brazos largos, vestían de camiseta blanca ceñida y bluyín de bota ancha. Parecían turistas europeos a punto de preguntar por alguna dirección. Miraban su entorno con notada fascinación, las fotografías del decano actual y de los anteriores, los alumnos discutiendo el contenido de una clase bajo la sombra de un árbol, los profesores conversando en una que otra mesa del cafetín. Humberto no apartó ni un segundo su mirada de ellos. Sólo Arístides seguía viéndolo a los ojos mientras se acercaba. ¿Acaso serán esos tipos de quienes hablan los rumores, los que acompañan a Arístides a La Colina?, se preguntó.

—Sé cómo te sientes —dijo Arístides al llegar a dos pasos de su amigo. Luego señaló a los tres que lo acompañaban—. Deseamos sinceramente que tu madre sobreviva a esta prueba a la que ha sido sometida.

Humberto le dio las gracias por la buena voluntad y lo abrazó, y

Arístides le dijo en voz baja, al oído: "Ellos son mis hermanos, y también los tuyos, te los presento". Se llamaban Lucio, Martín y Daniel, eran casi idénticos entre sí, como trillizos. Saludaron con un moderado apretón de manos, mirándolo a los ojos, y se pusieron a sus órdenes en cualquier favor que necesitara de ellos. Un magnetismo inenarrable parecían irradiar los recién llegados al estar en contacto con la mano del muchacho, que advirtió la sensación como el augurio de una nueva amistad.

—¿Cómo sabías que estaba aquí? –preguntó Humberto.

—Fuimos a tu casa y una señora nos dijo que no habías regresado de la universidad. Se parecía mucho a tu madre, por cierto –contestó Arístides.

—A ella le hace mucha falta tu compañía –intervino Martín–. ¿Has pensado que quizás se ha dado cuenta de que no quieres verla para no sentirte peor?

Humberto respondió aquel arranque de sinceridad con una repulsiva mirada a Martín (¡qué autoridad cree tener para hacerme tal pregunta!, diría él), pero no dijo nada más, no fue capaz de contener las lágrimas. Súbitamente, les dio la espalda para soltar un llantito entrecortado que le avergonzó al instante. "¿Y si mami se muere?", decía varias veces buscando respuesta en Arístides.

—Considera su enfermedad como un motivo más, uno muy importante, para reforzar tu relación con ella, para demostrarle tanto amor como seas capaz –dijo Martín con un tono sereno, sosegado, que se le hizo familiar a Humberto.

Cuando volvió a calmarse los invitó a su casa. Pidió disculpas por su "incómoda demostración de sensibilidad", y les prometió que haría todo lo posible para que su tía Criseida les preparara una sabrosa cena por ser invitados especiales.

—¡Muy buena idea! –exclamó Arístides–. Así aprovecharé de tener una amena charla con tu mamá.

Mercedes se contentaría al recibir la visita de alguien que sólo irradiaba buena vibra a su alrededor, o por lo menos, eso pensó Humberto. Sin embargo, no podía disimular su curiosidad ante los misteriosos acompañantes de Arístides. Era cierto que su amigo le había prometido presentárselos, pero no le había adelantado nada de la arcana presencia de los tres jóvenes, de sus gestos precisos al hablar, de la perfecta dicción de sus palabras y de que no sudaban a pesar del calor de las tres de la tarde. Por su aspecto físico (de pómulos acentuados, perfectamente rasurados, o lampiños, y dentadura de niños) le pareció que bien podían guardar un parentesco consanguíneo con Arístides, pero sus edades eran indefinibles, de modo que no pudo establecer con certeza quien era mayor o menor. En el taxi en que hicieron el camino a casa de Humberto no dejaron de admirar y elogiar la belleza del paisaje que veían a través de los vidrios ahumados, y la sonrisa que dibujaban sus respectivas bocas pareció infundir a Humberto el aliento de optimismo que desde hacía días no experimentaba, por lo menos para hacer llevadero el rato de la visita. De todas maneras, él no podía prever cómo estaría el ánimo de Mercedes, así que no le extrañaba que se sintiera indispuesta y no saliera de su cuarto o que, o tan probable como habitual, con sus cambios bruscos de humor les hiciera frente a los visitantes y los invitara lacónicamente a largarse de su casa. Sí, pensó Humberto como conclusión de su atisbo preliminar, deben de ser hermanos.

—Todos lo somos —dijo Lucio dirigiendo sus ojos a los de él.

—¿Qué? —respondió Humberto para disimular su asombro, porque sintió que le había leído el pensamiento y complacido su curiosidad.

—Porque somos hijos de él —aclaró Lucio al tiempo que con un dedo índice señalaba hacia las nubes, y agregó jovial—: ¿O no?

—Definitivamente sí. No lo dudo.

Vio sonreír a Lucio luego de aquella respuesta y le hizo volver a la mente la sonrisa de su padre cuando escuchaba de él alguna frase graciosa, algún disparate lingüístico improvisado de chiquillo. Permaneció callado, y por dejar la mente en blanco no estuvo pendiente de decirle al chofer dónde cruzar. Arístides se encargó de guiar al conductor. De inmediato vieron a Mercedes y a sus dos hermanas conversando en el porche, apoltronadas en unas mecedoras de mimbre y cubiertas por la sombra oportuna del techo impermeable.

—¡Mi niño¡ —exclamó Mercedes.

Ni siquiera Arístides hubiera podido prever la delicadeza y gracia del recibimiento de la mujer que por todo el tiempo que la conocía nunca pasó de estrechar la mano (con frialdad, con desgano) para saludar, porque al acercarse a Mercedes ésta lo abrazó haciendo un énfasis en el contacto con los hombros, asiéndose con determinación y estampándole un beso casi en lóbulo de la oreja izquierda, que precedió a un estremecimiento mutuo, unos vellos erizados, una descarga dentro del abdomen que ambos no pudieron soslayar y que expresaron con una sonrisa de sorpresa y vergüenza. A continuación, y por iniciativa propia, se presentó ante los otros tres chicos, que fueron tan reverenciales y solemnes como si se tratara de un súbdito rindiendo pleitesía a su monarca. Criseida y Antera tampoco se inhibieron y les dieron la bienvenida con un sonoro beso en los cachetes.

La expectación de Humberto encontró alivio en el talante jovial de Mercedes ante los visitantes. A sus tías, los hermanos de Arístides se les antojaron atractivos y bien educados, y mientras los entretenían en la cocina sirviéndoles té helado con una tartaleta de fresas frescas y crema pastelera, Mercedes y Arístides fueron hasta la sala para conversar ajenos al resto del trajín y las risas en el resto de la casa, que pareció llenarse de placidez con la presencia de los visitantes. A las siete, mientras Mercedes acompañaba a sus hermanas en la preparación de la cena, los muchachos conversaban en el porche sobre la belleza del cielo cuando cae la tarde y las estrellas dejan ver sus destellos. No parecen homosexuales ni drogadictos, pensaba Humberto cayendo en cuenta de cuánto seguía influyendo el recelo de su madre al juzgar a la gente, puedo confiar en que Arístides me ha presentado buenas personas.

—¿Tú qué piensas, hermano? —dijo Lucio, el que más hablaba del grupo—. ¿Este paisaje es producto de la causa y el efecto de ciertas leyes naturales o de un ser poderoso e inteligente que lo ha creado para regalárnoslo?

—Yo…

—Te sorprendió, ¿eh? —intervino Martín—. ¿Cuántas personas crees que se hacen esa sencilla pregunta?

—Yo creo que Dios tiene leyes para cada cosa en la naturaleza, el cielo, las plantas, el mar, los hombres —respondió Humberto con timidez. Sin embargo, fue incapaz de disimular la vergüenza ajena hacia el resto de la humanidad por lo que Martín acababa de decir—. Y respecto a los hombres, si cada quien descubre bajo cual principio desea vivir será libre, aprovechará su vida y hará que otros la aprovechen, respetará todo lo que existe, siempre que su vocación no sea destructiva. En verdad no me gusta la palabra ley, me gusta la expresión principio, decisión, búsqueda interior. No somos muy distintos del paisaje que nos rodea. Pienso que nos falta mirar esos principios que nos rigieron en el comienzo de los tiempos.

"El suelo, con todo y la tala indiscriminada del hombre, no ha dejado de dar árboles hermosos. El mar, con todo y la contaminación tóxica de las industrias del hombre, no ha dejado de dar especies valiosas, no se ha secado, no ha dejado de inspirar a los poetas. Las estrellas, con todo y las clasificaciones académicas que les han dado los científicos, no dejan de brillar y de iluminar los corazones de los enamorados. Los animales, con todo y las razas que están en peligro de extinción y las que sufren de esclavitud a causa del hombre, no dejan de enseñarnos lecciones sobre la unión, la protección a los hijos, la supervivencia ante las adversidades, salvando las distancias dado que ellos no razonan. Todo cuanto acabo de nombrar ha mantenido sus principios inalterados a pesar del paso de las eras, demostrando tenacidad y amor al sistema al que pertenecen. Sigo soñando con el día en el que los seres humanos se comporten igual. Parece egoísta o utópica mi opinión, pero tengo derecho a desearlo. De todas maneras, sigo tratando de saber qué es lo que tiene planificado Dios para este planeta".

—Entonces, crees, sin duda, en Papá —dijo Lucio.

—Con toda mi fe —dijo Humberto. Le gustó la camaradería con que Lucio se había referido al Creador, como lo hacía la señora

Milagros–. Lo que ha variado durante la historia es la manera de interpretarlo, por eso hay tantas religiones. Pero para mí él es el mismo de siempre.

–No olvides lo que voy a decirte –dijo Daniel, que más que hablar, observaba, pero al opinar, era directo, rotundo, como si diera el resumen de un discurso–. Las religiones no deben ser un obstáculo para el acercamiento a Dios ni en el trato con los semejantes. Si esa era su misión inicial, o cambiaron los objetivos o han fracasado en alcanzarlos. Han pasado de moda por no hacer partícipe al corazón humano de su autosuficiencia para elevar su conciencia. Por eso el hombre, en general, las ha relajado, como si las ignorara, salvo los fanáticos que no quieren experimentar otros estados de gozo espiritual.

"A diario miras las normas éticas que te imponen las autoridades religiosas y no les encuentras sentido. ¿Te has preguntado cual es la razón, si eres católico, para que no comas carne roja el Viernes Santo? ¿Por qué, si eres musulmán, debes viajar a La Meca, por lo menos, una vez en tu vida? ¿Por qué, los judíos miran con desdén o con indiferencia las enseñanzas de Jesús de Nazaret, siendo éste un judío que filosofaba pacíficamente a su pueblo? ¿Cuál es la razón fundamental para que el santero, cuando es Iyawó, deba raparse la cabeza y vestir de blanco durante un año? ¿Podrías explicar la sensatez de tantas normas religiosas que los humanos asumen como axiomas en sus vidas y las acatan sin ejercer el mínimo derecho a preguntar a la autoridad de qué le sirven? ¿En verdad son normas para el bien de la humanidad u obstáculos para una libertad de conciencia que no conviene a las autoridades poderosas? Ahora dudo de la libertad de seguir una regla religiosa que ya no se sabe si traerá un beneficio para la conciencia o la reafirmación de una impostura hermética. Si el planeta hubiese gozado de un estado de libre discernimiento espiritual desde hace siglos atrás, pudo haber llegado, hace tiempo, a la convicción de que las religiones se degeneraron para convertirse en trabas para la felicidad, perspectivas excluyentes y tajantes sobre un Dios al que creen conocer sólo porque un grupo seguidor de un grupo ancestral y primigenio se arrogó la prerrogativa de encargarse de todo lo concerniente a Él valiéndose de cierta estructura organizativa, vehemencia en su fe y promotores talentosos. La humanidad, amigo, de no haber sufrido tal oscurantismo, se hubiera dado cuenta de que esa actitud no redundó en la necesaria evolución espiritual. Nosotros apoyamos la difusión de un mensaje de esperanza, probidad, iluminación, amor, como los que algunos seres exageradamente deificados vinieron a traer, pero no apoyamos la imposición de autoridades religiosas que obnubilen con mentiras la mente y el corazón de los seguidores, que propicien el fanatismo, que ganen prebendas a propósito de su posición, que dividan al prójimo por adorar a otra versión de Dios. En vez de adorarlo, esos miopes parecen adularlo con tanta zalamería y vistosidad, pretenden desglosarlo aplicando puntos de vista mundanos a asuntos divinos, materias difícilmente conciliables, peligrosamente conciliables, por no decir que es imposible. Semejante disparate de intenciones inconfesables, embrollos religiosos y degeneración natural del alma está llamado a resolver esta generación y las próximas. Es un trabajo colectivo, donde cada individuo es importante".

—¿Entonces cuál es la mejor manera de conocer a Dios? —dijo Humberto.

—Basta con sentirlo y amarlo aunque a veces sientas que no te toma en cuenta, el estilo cada quien lo tiene y es beneficioso si es constante y sincero. La inteligencia que Papá te ha dado te permite hasta dudar de Él. Mira dentro de ti: allí podrás hallar más amor y más bellezas de lo que te diga un sacerdote o un libro aprendido de memoria.

—Pero no hay duda de que Él existe y nos ama, ¿verdad? —recalcó Humberto.

—Y si no crees que existe estás en todo el derecho de sentirlo —dijo Martín, y agregó sonriendo—: Papá respeta tanto tu libertad de decisión que tolera que lo ignores, y aun así, te ama. Sin embargo, recuerda que Él tiene planificado este bello planeta hasta en los más ligeros detalles, hasta las malas intenciones y acciones de los hombres. No digamos que tolera ni que inspira la maldad. Sencillamente, respeta la libertad de cada quien de redimirse cuando decida abrirse a Él. Es un libre albedrío condicionado, no lo dudes, pero condicionado por nuestro bien, que es a fin de cuentas su propósito al crearnos. En cualquier momento, por muy fugaz que sea, recordarás que siempre está presente.

Pocos minutos después Mercedes irrumpió en el porche junto a Arístides. Ella conservaba el mismo ánimo con que recibió la visita.

—La cena está servida —dijo, señalando el comedor. Y sonrió cuando Humberto la imitó con burla porque había dicho una frase de esas que tanto decían las sirvientas en las películas y telenovelas.

Mercedes mostró un apetito como nunca se le había visto desde que empezó sus quimioterapias, inclusive, llegó a decir que si le daban tiempo preparaba un delicioso postre más para su propio deleite que para el del resto. Humberto la contemplaba llevarse bocados al paladar, beberse los sorbos de jugo de melón, limpiarse los labios con la servilleta y doblarla para volver a limpiárselos, y se dio cuenta de que el alborozo de su madre la fortalecía más que los costosos tratamientos médicos. Definitivamente, la curación empieza en el alma, pensó, mamá hoy luce como si estuviese sana.

Arístides y sus hermanos se despidieron a las nueve tras apretados abrazos, como los que se dan para recibir el año nuevo, y sin dejar de dar gracias por las delicias que habían probado y la entretenida tertulia que prometieron continuar un día próximo. Los anfitriones se conformaron con acompañarlos hasta la puerta de la calle porque los visitantes se negaron con suficiente disuasión a que Criseida los llevara en su carro hasta su hogar. En la cocina, Humberto preguntó a sus tías si habían escuchado algún momento de la conversación a puerta cerrada entre su madre y Arístides. Antera, contestando por ambas, encogió los hombros e hizo una mueca de curiosidad. Antes de dormir, Humberto entró al dormitorio de Mercedes y sin prolegómenos preguntó.

—¿Sobre qué hablaste con Arístides? —dijo—. Se encerraron a conversar durante una hora.

Ella bajó la mirada. Le avergonzaba la respuesta que iba a darle.

—Me deseó rápida cura y que aprendiera de estos días de enfermedad —contestó—. Y que no fuera prejuiciosa con él ni con sus hermanos ni con nadie. Entonces me estremecí. Pareció leerme la mente, hijo. Me respondía cada cosa que yo pensaba. Pero sobre todo, sus palabras y sus gestos me transmitieron esperanza. Fue tanto lo que me conmovió su sinceridad que en algún momento lloré y no me dio vergüenza, como si tuviese la confianza de que Arístides comprendería la razón de mis lágrimas. Al final me abrazó con ternura, y aunque el muchacho es flaco, de esos que son huesudos, en su contacto me sentí protegida por una coraza rígida contra la tristeza, la maldad y la muerte. Pero fíjate qué cosas me ha puesto a decir ese muchacho, estoy hablando como tú.

—¿Ahora qué piensas sobre Arístides? —atizó Humberto, solazado con el relato.

—Pienso sobre mí. No he debido tenerle tanta aversión sólo por no conocerlo. Discúlpame por todo lo malo que te dije sobre ese muchacho, no es tarde para hacerlo, ¿cierto?. En nuestra conversación se lo hice saber. Reconocí algunas cosas de mi forma de ser de las que no me había dado cuenta. Ahora entiendo el contundente golpe de quien se repugna por una verdad sobre sí mismo.

—¿Te sientes bien o mal luego de la conversación?

—A pesar de que podría entristecerme en mis reflexiones, me siento bien, muy bien. Escuché a Arístides hablar sobre el poder que tengo en mi mente y mi corazón para curarme, y para sentirme dichosa teniendo lo que necesito y quiero. Me dijo con énfasis que el día en que los humanos nos percatemos del potencial que tenemos para lograr lo que queramos, y empleemos nuestra energía en pos de nuestros sueños, se dará el descubrimiento más importante de la historia, o algo así recuerdo.

A partir de aquella noche Arístides y sus hermanos visitaron la casa de Humberto cada tres o cuatro días. Traían regalos para Mercedes, ramos de flores que no se marchitaban y cuyos aromas perduraban con intensidad más tiempo del normal, adornos para la mesa de la sala que la misma dueña limpiaba a diario con un trapito húmedo, un retrato de ella hecho a carboncillo por Daniel con la ayuda de una foto de quince años atrás que le prestó Humberto. Los sábados llegaban antes de irse a la calle a jugar fútbol y regresaban embebidos en sudor poco después de caer la noche para continuar sus charlas con Mercedes amodorrados por la suave brisa que deambulaba por el porche. A veces uno u otro se quedaba dormido de cansancio. "¿Cómo les fue en el juego?", era la frase inicial de Mercedes al recibirlos cuando caía la noche. Arístides siempre dejaba que sus hermanos contestaran porque eran torpes para el fútbol, casi todo al jugar lo hacían mal, y siempre bromeaban burlándose de sí mismos: "Muy bien, metimos goles y goles hasta que no quisimos más". Compartían juntos la cena (que a veces la preparaban los hermanos demostrando unas habilidades culinarias que compensaban sus derrotas deportivas), y Mercedes reía a carcajadas con cada chiste de ellos. "Como futbolistas, somos buenos conversadores, y cocineros", solía oírles decir. "Muchachos, hagamos un trato", decía ella con insistencia, al despedirlos, "Vengan a casa por una hora diaria, dejo las quimioterapias y gasto el dinero en prepararles banquetes deliciosos". Pero su siguiente examen periódico para determinar el progreso del tratamiento la volvió pesimista de nuevo: no había, hasta el momento, una contundente recuperación tras varias semanas de sesiones y de dinero invertido. Se paró en la balanza del consultorio del oncólogo y comprobó que estaba perdiendo peso progresivamente: cuatro kilos menos que el mes anterior. Lloró sobre el hombro derecho de Criseida y como decretando su sino definitivo con el fatalismo acostumbrado de sus humores sin esperanza, le susurró al oído para que el especialista (sin saber dónde centrar su mirada tras el poco prometedor resultado del chequeo) no escuchara: "Ahora sí quedaré arruinada y sin mejoría. Cuídame a mi niño".

—Algo haremos —la animó Criseida—. Pero te curarás, ya verás.

El segundo sábado de abril, a las cinco de la tarde, Antera escuchó la voz de su sobrino que venía llegando.

—Tía, necesito con urgencia que ayudes a Lucio —dijo apurado—. Está muy lastimado.

Durante una de las partidas de futbol Lucio golpeó involuntariamente con su tibia a un jugador del equipo contrario. Éste cayó al suelo y no dejó de quejarse del dolor en su pierna, pero en pocos segundos se levantó sin dirigir palabra a nadie ni vacilar en su propósito y, renqueando con rapidez, se apartó y dijo que alguien lo reemplazara. Lucio le había pedido disculpas, quiso estrecharle la mano, tocarle la pierna para aliviarlo, pero el muchacho no respondió y le dio la espalda. Luego de terminar la partida, mientras todos descansaban y otro equipo se disponía a reemplazar al que acababa de perder, el muchacho, junto a un compañero de equipo, se acercó a Lucio mientras estaba de espaldas y ambos lo patearon y clavaron sus puñetazos en su cara y abdomen, copiosamente y con toda la saña que les impulsaba su afán visceral de venganza. El vapuleado fue sorprendido y quedó en el piso tendido en una posición de total indefensión, sus gruñidos de dolor no alcanzaban a ser gritos de auxilio, empezó a sangrar por la nariz, y un hilillo de sangre desde la comisura de la boca manchó el cuello de la camiseta, hasta que el resto de los jugadores se percató de la apartada y silente paliza y separaron a los agresores pidiéndoles explicaciones con insultos y manotazos en el pecho a cada uno.

—Qué les pasa, hermanos? —dijo, Arístides, indignado, mas no sorprendido. Los humanos lo tenían acostumbrado a tales desafueros—. ¿Se comportan así porque no siguieron jugando o porque no razonan, como los animales?

—¿Así responden siempre al disgustarse? —reclamó Martín—. Sean sensatos y pidan explicaciones en vez de golpear.

—Saquen a ese marica de aquí —gritaron los dos agresores casi al unísono, iracundos, mientras otros los detenían sujetándolos por los brazos.

Criseida aplicó alcohol para las heridas, se las cubrió con gasa y le aplicó un ungüento para los dolores musculares. Lucio también había recibido golpes en los antebrazos y muslos al usarlos como protectores de cada puñetazo y patada. No se quejó ni insultó a quienes lo agredieron, solamente se preguntaba por qué habían reaccionado de esa manera, miraba a Criseida, a Humberto esperando que se lo explicaran. Entonces se animó a proferir un diagnóstico entristecedor, que salió de sus labios como un suspiro de sinceridad en un instante de soledad:

—Es una desgracia la que sufre este planeta: las personas se agreden en vez de pedir explicaciones cuando tienen un problema – dijo.

—Venimos de un lugar donde ya no ocurren sucesos violentos – dijo Daniel. De inmediato, su rostro dibujó una expresión de vergüenza ante sus hermanos, como de reproche a sí mismo.

—¿Y ustedes qué son ¿ Extraterrestres? –dijo Criseida con cierto tono de chanza.

Pasaron tres segundos en que todos se miraron las caras en silencio, y de repente irrumpió Mercedes en la cocina echándose a reír y luego el resto le siguió con sus risas. Se acercó a su hermana y le dijo en voz alta, hilarante, para que todos escucharan:

—Ellos son, simplemente, unos buenos muchachos, como quisiéramos que fuesen los jóvenes de esta era, y de un lugar lejano y desconocido, donde no hay violencia.

Martín tomó del brazo a Daniel y, pidiendo permiso con notable cortesía, se fueron solos al patio trasero. Tuvieron una corta conversación allí, Humberto los vio por la ventana situada sobre el lavaplatos. Observó a Daniel cabizbajo y a Martín hablándole sin gestos, reposando una mano sobre el hombro de aquel, luego se abrazaron. Le pareció rara la escena y salió a su encuentro averiguando si pasaba algún problema. Al cabo de dos minutos estaban todos reunidos en el jardín resguardados por la sombra de las matas frondosas que tapaban el sol moribundo del ocaso. A propósito del incidente de Lucio el principal tema de conversación fue la violencia.

—Dime algo, Lucio –inquirió Humberto–. ¿Hubieras respondido

con golpes a ese muchacho si hubieses tenido la oportunidad?

—No tuve oportunidad. Eran dos contra mí –dijo Lucio–. Y me atacaron por la espalda. De todas maneras sólo quise defenderme para esquivar los golpes, para evitar el daño que me hacían, no para causarles dolor.

—¿Te refieres a que hubieses huido, como los cobardes? –replicó Humberto.

—Espero que entiendas que yo no tenía ni tengo nada en contra de ellos. Son ellos quienes, al parecer, no entienden de prudencia ni tolerancia con sus semejantes. Mis heridas sanarán pronto, pero esos muchachos seguirán como son hasta que aprendan lo perniciosamente adictiva que es la violencia o hasta que alguien más fuerte que ellos les haga un mayor daño y escarmienten. Probablemente aprendan por las malas, como la mayoría. Quién sabe.

—Yo le pregunté al primero que te pateó por qué lo hizo y no me dio respuesta. Estaba abstraído en su empeño por hacer sufrir, sordo, embrutecido–dijo Martín.

—Por eso no debía golpearlos –continuó Lucio–. Ellos, como millones de seres humanos, no han aprendido el efecto involutivo que tiene aplicar violencia, porque tiende a atascar a la gente en un estado de ceguera en el cual no se distingue entre lo prudente y lo imprudente, entre las ganas de atacar y el derecho a la defensa, y en nombre de tantas excusas pueriles ustedes, estoy generalizando, se destruyen haciéndose daño entre sí. Entonces, esos chicos no podrán entender esto contestándoles con más violencia.

—¿Y qué debemos hacer si nos atacan primero? –preguntó Humberto.

—No creas que el mayor problema es si debes atacar a quien te atacó primero –dijo Arístides–. El mayor problema es el que motivó el primer golpe: ese es el que debe solucionarse ¡Qué lástima siento cuando la iniquidad de quien ataca primero es tan grande que el agredido suele recurrir a la misma violencia para responder!

—Opino que es admirable que alguien preserve su integridad aplicando un medio idóneo para neutralizar al agresor –dijo

Humberto–. Por eso existe la legítima defensa en las legislaciones.

–De todas maneras aprende esto: nunca des el primer golpe –sentenció Lucio–. Si los humanos aprehendieran el pacifismo de esta frase, terminarían las guerras y se usarían más las mesas y las sillas para sentarse a dialogar. Sin embargo, estamos conscientes de que la violencia forma parte de la imperfecciones de este planeta, y tal imperfección es la que lo hace tan atractivo y su estadía en él toda una bella aventura. Pero no olvides preguntar primero cuando tengas ganas de atacar, y no sólo me refiero al daño físico.

Mercedes, sin que Humberto se percatara, escuchó toda la tertulia desde el umbral de la puerta trasera de la cocina, fascinada de lo que consideró la sabiduría natural de aquellos jóvenes destinados a ser la generación que tomaría en unos años las riendas del planeta.

Cenaron unas pizzas caseras vegetarianas que preparó Antera y los hermanos mayores se despidieron a las nueve, como siempre. Daniel casi no habló durante aquella visita, pero al despedirse de Humberto (prefirió hacerlo de último para no llamar tanto la atención con lo que iba a hacer) lo abrazó y le susurró al oído: "Queremos ayudar a tu madre para que se cure de su enfermedad".

–¿Y ustedes qué pueden hacer? –le respondió él, también en susurros.

Daniel le mostró las palmas de sus manos y miró hacia el cielo. Le guiñó un ojo y sonrió. Martín lo tomó del brazo para que emprendieran el camino. Mercedes los abrazó con fuerza sin poder disimular el estremecimiento cuando se le erizaron los vellos al tocarlos, y se metió a la casa. Se alejaron por la calle en penumbra, no cruzaron en ninguna esquina, paso a paso las cuatro siluetas se hicieron más pequeñas y difusas en la calle solitaria. Absorto en las zancadas de sus amigos, Humberto tardó unos segundos en darse cuenta de la luz roja que se movía en el firmamento sin nubes (nadie lo acompañaba como para incluir algún comentario de asombro). Se divisaba nítidamente, parecía seguirlos como una escolta. El corazón le latía con demasiada intensidad cuando, en la lejanía, vio con dificultad que las cuatro siluetas detuvieron su paso, y con ellos la luz.

Luego todo ocurrió rápido para sus ojos, vio que de aquella escolta a bajo vuelo se desprendió un haz de luz blanca que lo encandiló al extremo de cerrar los ojos por varios segundos. Al abrirlos confirmó lo que presentía: la luz y sus amigos habían desaparecido. Cómo es posible, pensó, qué ocurrió. Ya las rodillas le temblaban cuando comenzó a resollar como en los trances de las voces ignotas que ya creía no volver a experimentar jamás. Pero el estupor no lo dejó inmóvil, como en aquellas veces, ahora podía moverse, gritar, correr. El sentido le indicó que buscara una ventana con alguien asomado, un vecino de esos que tanto se asomaba para ver lo que no era de su incumbencia, un transeúnte fortuito que le preguntara si acaso había visto lo mismo. Sin embargo, recorrió toda la manzana por sus cuatro esquinas, ya empapando de sudor el cuello de su camiseta, y no encontró a ningún potencial testigo de la cinematográfica escena: cuatro siluetas larguiruchas devoradas por un haz de luz cegadora. La urbanización se mantenía aletargada al amparo de la luna enseñoreada en el cielo oscuro, límpido y sin rastro de ninguna abducción por extraterrestres. Llegó a su casa corriendo y vio a Criseida frente al televisor, concentrada en un villano de serie norteamericana que hacía de las suyas.

En medio de su carrera escuchó a Criseida preguntarle el porqué de la premura.

—Parecía un trueno sin ruido —dijo Humberto con un hilo de aliento.

—¿Qué?

—La luz que vi desde el cielo. Creo que se llevó a Arístides y a sus hermanos. Por un segundo la calle se iluminó como si fuese de día. ¿Mamá lo habrá visto? ¿Dónde está?

—En su cuarto, conversando con Antera. En un rato se quedará dormida. Pero, oye niño, qué es eso que me estás diciendo. Parece salido de una película de Spielberg.

—No miento, todo pasó frente a mí. Hace unos minutos.

—Parece que es cierto lo que me ha dicho Mercedes: que tienes mucha imaginación para fantasear. Fíjate que revisé en mi cámara unas grabaciones del cielo que has hecho y me dí cuenta de que no aparece…

Humberto no escuchó aquella última frase. Subió a su cuarto sin saber qué pensar ni hacer, porque estaba seguro de lo que acababa de ocurrir. Su corazón seguía latiendo acelerado. Buscó la cámara de video portátil de Criseida (la suya fue prohibida por Mercedes, quien la escondió en su armario, desde diciembre pasado, aunque él logró encontrarla y usarla en La Colina cuando regresó Arístides) y a la carrera salió al porche pendiente de cualquier anomalía visible. Hasta la medianoche esperó sin advertir nada, cuando el exceso de bostezos lo llevó directo a su cama. Yaciendo cómodamente, activó la grabación que su tía había hecho del objeto volador al salir de la función de cine, quería corroborar que la luz roja de la grabación y la que vio horas atrás antes del destello cegador tenían idéntica apariencia. Mantuvo la mirada fija en la pantallita de la cámara. Eran idénticas. Se estremeció con la comprobación. Detuvo la grabación sin detenerse a ver las otras grabaciones en que no logró ver nada destacable. Lo que ahora estaba pensando desafiaba su imaginación, pero confiaba en no haber alucinado, vio caminando a los cuatro larguiruchos hasta el final de la calle, no tenía dudas sobre la contemplación del disco rojo, incandescente, el centelleo que emanó. Caminó sin rumbo por la sala, hablaba solo, estaba llegando a una conclusión que le erizó los vellos de lo desatinada que parecería ante resto de la gente: Arístides y sus hermanos estaban relacionados con los extraños objetos luminosos que se habían visto en el cielo de la ciudad. Son extraterrestres, pensó, cómo no me di cuenta antes. Respiraba de prisa, la jaqueca que empezaba a manifestarse no lo dejaría dormir, no lograba ordenar ninguno de sus pensamientos. Se desnudó, intentó relajarse bajo el agua de la ducha templada por el calentador, y se acostó por fin en la cama, extenuado, pero sin poder dormir.

Asistido por la oscuridad de su alcoba y la comodidad de su colchón, logró relajarse y trató de encontrar justificación a la conducta de Arístides. Ahora comprendía por qué nunca se le conoció hogar o familia. Ahora caía en cuenta de su hábito alimenticio, tan extraño para un muchacho de su edad (recordaba que sólo consumía vegetales, jugos naturales, ocasionalmente harinas y excepcionalmente, los postres de Mercedes). Cuando María Eufrasia y la señora Milagros hicieron uso de sus facultades para alejar a los espíritus extraterrestres de su casa dejó de verlo durante dos meses. Fueron dos veces juntos a La Colina para ser espectadores especiales de los avistamientos que se habían convertido en el misterio más atractivo de la curiosidad colectiva de la ciudad, y Arístides lo llevó anunciándole que iba a ver algo hermoso y que le gustaría. Los orishas le habían dicho que tuviera cuidado con él.

Buscaba alguna frase, algún gesto que hubiera podido delatarlo, y no encontraba en sus recuerdos algún indicio resaltante. Entonces recordó lo que había revelado Daniel en la conversación de aquel domingo. A qué se refería cuando dijo que de donde venían ya no ocurrían sucesos violentos, se preguntó. El sueño lo venció a las tres de la mañana. Soñó lo mismo que vivió al despedirse de Daniel, cuando éste lo abrazó y le susurró al oído que querían ayudar a Mercedes a curar su enfermedad.

No dudó en entregar al equipo de producción de Fascinante Planeta la filmación de su tía Criseida de los discos luminosos. Contactó por teléfono a la asistente de Alicia Suárez Gabaldón y ese mismo día por la tarde llegó a la sede de la televisora y le entregó una copia en CD. Sin embargo, aquella vez no logró ver a su renombrada periodista porque ésta realizaba un documental corto sobre la supuesta aparición de una sirena muerta a orillas del Lago de Maracaibo, en el occidente del país. Se dio a la tarea de investigar en internet sobre congregaciones fanáticas dedicadas al tema ovni, y Google (su principal aliado para buscar información junto a los libros: preferiblemente viejos, de hojas amarillentas, diría él) le mostró algunas reseñas en diarios regionales sobre esperas interminables en campos despoblados en las periferias de varias ciudades por los cuatro puntos cardinales, comentarios sin fotos de delgadas columnas que de soslayo informaban de uno u otro grupo de decenas de obsesionados con la existencias de los "misteriosos hombrecillos verdes" y un supuesto mensaje de elevación espiritual, algunos presentaban cortas entrevistas a algunos miembros, cuyos nombres ningún hipotético lector podría estar seguro de si eran verídicos, en las cuales Humberto descubrió con asco el énfasis (según él, enfermizo) con el que vaticinaban que una oleada de naves intergalácticas recogerían a los escogidos (los entrevistados no aclararon por quiénes exactamente) para llevárselos del planeta Tierra y dejar que el mismo se purgara con los malvados adentro. Su asombro fue mayor al enterarse en uno de los links que La Colina era frecuentada por una comunidad semejante que bajo una discreción fugaz logró tener contacto visual con Los Hermanos Mayores (ahora coincidía con el apelativo usado por este otro periodista) desde 1996 hasta que Alicia Suárez Gabaldón, a mediados de 1998 manifestó su intención de realizar un documental sobre la actividad del hermético grupo cuando ella estaba a punto de sacar al aire Fascinante Planeta por primera vez, y fue rechazada por los micmbros ignorantes, desconfiados sobre el tono definitivo que tendría dicha investigación y amedrentada por rudos y taimados hombres que una noche llegaron al canal vestidos de traje y corbata, como los míticos hombres de negro de la cultura estadounidense, para persuadirla de no continuar ninguna búsqueda de información en La Colina, pues el gobierno del presidente Caldera anunciaría mediante decreto que la explanada que ocupaba la congregación sería decretada zona de seguridad y resguardo militar por su topografía y ubicación estratégica. La valiente periodista mantuvo en secreto tal suceso durante meses hasta que luego de obtener mayor prestigio por el éxito de su programa, algunas entregas las dedicó a mostrar encubrimientos gubernamentales de grupos con actividades relacionadas a fenómenos paranormales o relacionados con contactos entre humanos y seres inteligentes extraterrestres y fue cuando reveló la imposición de censura de la que fue objeto. Dos días después el Ministro de Comunicación e Información anunció en rueda de prensa transmitida en cadena nacional de radio y televisión que la acusación de Alicia Suárez versó sobre un hecho acaecido durante la gestión del anterior Presidente de la República y que el actual gobierno era enemigo de la autocensura y promotor de la libertad de expresión e información dentro de las condiciones impuestas en la Constitución y las leyes. De modo que el martes siguiente los consecuentes seguidores de Fascinante Planeta, inseguros de si se mantendría o no al aire, exhalaron un suspiro de alivio cuando a las ocho en punto de la noche empezó el programa sin alusión alguna a diatribas sobre el ejercicio de la profesión periodística ni señalamientos de culpas a ningún gobernante en particular: como si no hubiese ocurrido.

El viernes al final de la tarde, aprovechando que no tenía evaluaciones asignadas en la universidad en los días próximos como para descansar todo el fin de semana, Humberto se atrevió a visitar La Colina en busca de la controvertida y misteriosa cofradía que moraba en aquel paraje cuando había el previo anuncio de un contacto o la llegada de un mensaje telepático de cuya recepción sabían los integrantes por el trance de quietud de cadáver y ojos virados hacia arriba que expresaba el líder, único receptor de mensajes debido a que, según el mismo, era quien había alcanzado la idoneidad espiritual para serlo. A Humberto le extrañó por inusual la presencia de varios oficiales de la Guardia Nacional que custodiaban la continuación del camino en una de las direcciones de una bifurcación que él nunca tomaba y que por pura intuición creyó que lo conduciría al grupo expectante del encuentro con los "supuestos mensajeros del espacio", como los nombraban en los periódicos locales. Los oficiales lo escrutaron en la lejanía apuntando con sus linternas y con sus armas de reglamento (estaba a punto de anochecer, ya la luna se había asomado con timidez, parecida a una mota de algodón incandescente), y ninguno de ellos, que hacían el turno de vigilancia como personal fijo, recordaba el rostro de Humberto como asiduo a las reuniones. La rígida orden recibida por su superior era la de impedir el acceso a cualquier persona con actitud sospechosa o acción inequívoca de perturbar la presencia y desarrollo de las actividades de la congregación. La asistencia de infiltrados era de esperar (periodistas ávidos de una exclusiva, religiosos queriendo boicotear cualquier acontecimiento, curiosos incrédulos sin pertenencia a ningún gremio poderoso) pero el aspecto de Humberto parecía no delatarlo. Sin embargo, por desconocido sería revisado y, por ser menor de edad, quizás rechazado y obligado a seguir su camino por otro rumbo. Fue cuando un par de siluetas que caminaban diez metros delante de él, voltearon como si hubieran olisqueado el temor de Humberto a ser descubierto como primerizo no invitado a la vigilia y vieron con asombro al chico de pasos indecisos que se acercaba sin querer mirar la cara de nadie. Humberto los vio de soslayo y se detuvo cuando descubrió que eran Elmer y Eduardo, y antes de decir algo para expresar su reacción, Elmer improvisó en voz alta para que los oficiales lo escucharan:

—¡Hermano! Por fin regresas con nosotros después de tu reposo. ¿Cómo está tu rodilla?

—Bien, gracias por preguntar —improvisó Humberto, que se percató de inmediato de la actuación de su compañero, y le siguió la corriente—. Esa lesión me tuvo varios meses sin jugar futbol, y sin poder venir, pero ya estoy como nuevo para atender todos mis quehaceres.

Entonces pasaron junto a los oficiales, quienes dejaron de mirarlos al considerar a Humberto inofensivo, uno más de la secta, saludando con una leve inclinación de la cabeza, y siguieron la trocha empinada hasta una cota de mil doscientos metros, donde estaría el resto de los convocados. Durante el camino, ya con la respiración jadeante, Elmer y Eduardo le explicaron francamente sobre la filosofía y características del grupo. No se sorprendieron de verlo llegar, pues en la universidad Humberto tenía la fama de chico apacible, de considerable sensibilidad y madurez, interesado por temas como el de la cultura ovni. Por eso recibía de la mayoría de sus compañeros un trato distante, tan respetuoso que parecía hipócrita, pero Elmer y Eduardo siempre consideraron idiotas a aquellos y trataban a Humberto con toda autenticidad. En aquel momento se enteró de que solían reunirse de noche, en una de las zonas más altas de La

Colina, desde hacía casi seis meses y sin que sus familiares los supieran, y luego de varios discursos se ponían en posición de mirar al cielo esperando el avistamiento. La mayoría de las veces terminaban acampando en la explanada, y si acaso no veían nada extraordinario en el cielo se divertían estando en contacto directo con la naturaleza, compartiendo la comida ligera que cargaban en las mochilas, recitando profecías excitantes sobre la inminente tribulación que sufriría la Tierra. A quien le sobraba una chaqueta o una manta la compartía con cualquiera para mitigar el entumecimiento que provocaba del frío. Esa fue la misma experiencia que tuvo Humberto, nada distinto respecto a lo que ocurría en cada reunión. En cierto momento Elmer y Eduardo le confirmaron, a modo de secreto y sólo por la confianza que Humberto les inspiraba, que la denuncia de Alicia Suárez Gabaldón era ciento por ciento cierta y que no correspondía a una campaña de desprestigio pagada por ningún sector para atacar a los fanáticos y al gobierno de turno.

—Resumiendo, esto sí que ha sido una sorpresa para mí —confesó de repente Humberto cuando ya tenían un par de horas entre el grupo de congregados—. ¿En verdad creen que ellos existen?

—¡Oh! El universo es pequeño y Dios nos prefirió a los humanos y dejó de crear vida luego de dársela —dijo Elmer—. Si no lograras ver nada extraordinario en el cielo, ¿qué te parecería esta experiencia?

—Seré sincero e iré directo al grano: he aguantado mucho frío, discursos apocalípticos y aún no he visto más luces que las de la ciudad, allá abajo.

—Lo importante es que cuando ellos lleguen debes estar preparado si quieres ser uno de los escogidos —dijo Eduardo, demasiado convencido de lo que afirmaba.

Se refería a *La Gran Purga*, como solía llamarla el líder del grupo, y explicó con sumo cuidado de los adjetivos que consistía en la eliminación física de los seres que no habían logrado evolucionar lo suficiente mediante un cataclismo de proporciones similares a las del diluvio en tiempos de Noé o la lluvia de azufre caída sobre Sodoma y Gomorra para concretar la extinción de quienes tuvieron y propagaron ideas y errores que pervertían el propósito original de la creación. Entonces, los vecinos del espacio, con una flotilla de naves y una tecnología inusitada en la Tierra, serían los auxiliares que darían transporte y refugio seguro en otros ámbitos del cosmos a los hombres y mujeres buenos que engendrarían una nueva generación de seres híbridos entre humano y extraterrestre que repoblaría la Tierra bajo la directriz principal de la perfección como especie inteligente.

– Dios habrá roto su promesa de no maldecir al planeta ni causarle más daño por culpa de la iniquidad reinante volviéndolo a sacudir con mayor gravedad que lo descrito en el Antiguo Testamento –Elmer remató excitado–. Sin embargo, el fin justificará los medios y garantizará por el resto de los tiempos que no se repetirá este fracaso de planeta que tenemos.

La entusiasta perorata dejó perplejo a Humberto. Las expresiones de su cara ya lo habían delatado: le pareció que aquel plan era cosa de locos. Intentó darles el beneficio de la duda razonando que Mercedes lo consideraba loco por sus convicciones sobre los Hermanos Mayores, y no quería reaccionar tan escéptico como ella, pero tal hecatombe sonaba de una saña y rudeza desprovista del más mínimo aprecio por el mundo. No se le hubiera ocurrido ni a Stanley Kubrick para alguna de sus películas, diría él.

–Ese líder de ustedes es sabio –lanzó Humberto un dardo de ironía–. ¿De dónde recibió esa información?

Elmer y Eduardo, sonrientes, apuntaron con sus índices al cielo.

–Suena lógico, ¿eh? –dijo Eduardo.

–Es interesante esa purga –dijo Humberto. Estaba dispuesto a decir su opinión sin temor de herir susceptibilidades–. Pero se fundamenta en una premisa que no comparto: la del dios (con minúscula) vengativo y colérico, que envía castigos insufribles sin darle al humano la oportunidad de redimirse, de alegar sus descargos, y sin otorgarle su incondicional perdón. Por eso les pido que analicen con cuidado lo que su líder les dice.

No asistió más a aquellas reuniones.

Como siempre que venía de visita María Eufrasia, llegó imprevista junto a Susana, a quien convenció para que la acompañara, pues aunque ésta alegaba incomodidad estando cerca de alguien enfermo (y aún más de cáncer), el chance de tener cerca a Humberto la persuadió. Mercedes había amanecido débil y sin apetito pero fue la primera en degustar la torta de pan bañada en almíbar de canela que trajo su cuñada, y cuando la sintió llegar cambió la larga bata de anciana sedentaria que vestía por un pantalón corto y una sudadera sin mangas con unos zapatos de goma que bien podían servirle para ejercitarse en un gimnasio. Por primera vez en varios días la vieron reírse de los cuentos de María Eufrasia, sus chistes groseros y las intimidades que le confesaban sus ahijadas de santería, como ya era costumbre. Era el recurso más fácil e inmediato al que recurría con eficacia la gorda feliz para lograr de Mercedes algunas risas y desviar la atención hacia asuntos ajenos que la distrajeran de la rutina, del decaimiento, del vómito y la fatiga tras cada sesión de quimioterapia. El único en la sala que sentía áspero el ambiente era Humberto. Esquivaba la mirada de Susana con una vergüenza muda que lo hería en su virilidad. La chica se mostró indiferente, participando de la tertulia con sus comentarios procaces que a nadie extrañaban y echando vistazos de soslayo a un Humberto intimidado y silencioso en un sillón, casi apartado del grupo, que disimulaba las ganas de retirarse. Pero no lo hizo por deferencia con su tía y porque no se le ocurrió una excusa para retirarse. Será muy obvia para Susana mi intención de dejar de verla, pensó.

A las seis se despidió la visita. Aún permanecía la intriga de Humberto por conocer el pensamiento de Susana ante el rechazo quejumbroso de días atrás. Suponía ser el único varón en despreciarla, y que el orgullo femenino era susceptible de convertirse en ojeriza ante un ofrecimiento repelido, sobre todo, en una chica tan inestable emocionalmente, como todos sabían que era. La imaginó capaz de abofetearlo y ridiculizarlo en público, de contarle el suceso a cuanta gente en común conocieran. No pasó por un trance de obvia humillación, pero le dolió la conclusión que puso Susana al asunto cuando se despidió con un hipócrita beso en la mejilla derecha y la frase susurrada con determinación, para que sólo él la escuchara:

—Ahora me doy cuenta de por qué me rechazaste aquella vez: porque eres un marica, como al principio sospechaba —dijo y le dio la espalda para irse.

Fascinante Planeta fue transmitido, como siempre, a las ocho en punto y con una presentación que dejaría a Humberto prendado del televisor. Sin embargo, no vio anunciada la grabación que hizo junto a Criseida. Quizás la han obviado por intrascendente, pensó. Olvidó cenar por estar pendiente de la reseña sobre su filmación aficionada, olvidó el insulto falaz de Susana, la quimioterapia de Mercedes, las bajas calificaciones en la universidad, pero hubo de conformarse con un programa sin el aporte visual y exclusivo que él pretendió mostrar. La entrega de aquella noche tuvo niveles de audiencia históricos, porque el reportaje principal era sobre cuatro jóvenes llegados de lares lejanos y que solamente tocando con sus manos a sus pacientes aquejados lograban curar sus dolencias y enfermedades. Se habían instalado pocas semanas atrás en un inmueble al sur de la ciudad (en el programa no se reveló la dirección exacta ni hubo tomas explícitas de la fachada del recinto a pedido de los jóvenes sanadores) y allí recibían a cuanto necesitado llegara sin discriminar por ninguna condición, pues sólo exigían fe en sí mismos y en una mejoría posible. Al salir de las consultas los pacientes ya empezaban a notar un alivio que el conocimiento médico de ninguna cultura lograba en aquellos atormentados que proferían alabanzas a los sanadores, y ofrecían cheques con sumas cuantiosas, o por lo menos, lograban que les aceptaran una invitación a cenar o el compromiso de contribuir con la remodelación del inmueble, que ya lucía filtraciones en algunas paredes, techos de cielo raso carcomidos y un aire acondicionado que daba a veces más calor que frío. Los llamaban Los Manos Santas. Aunque estaban conscientes de que cometían un delito según la Ley del Ejercicio de la Medicina vigente, fueron entrevistados sin que sus rostros aparecieran distorsionados en la pantalla, sus voces tampoco fueron alteradas, de modo que el pasmo de Humberto estuvo a punto de infartarlo de asombro cuando frente al televisor veía a Alicia Suárez Gabaldón escuchando atentamente la exposición de Arístides, Martín Lucio y Daniel: sus amigos, los Manos Santas para el resto de la gente. Defendían que el desequilibrio energético es el agente que precede a las enfermedades. "Eso es lo que nosotros reparamos, asistidos, claro está, por el maravilloso ejercicio de fe que realiza el mismo paciente", recalcó Martín.

– Pero deben suponer que su práctica es ilegal, que el gremio de médicos no tardará en hacerles frente –rebatía Alicia Suárez–. ¿Saben que podrían ir a la cárcel en cualquier momento?

–Has entrevistado a algunos de nuestros pacientes y has escuchado que se sienten mejor cuando se van de aquí. –dijo Lucio, ecuánime–. Eso para nosotros es lo más importante. Y por supuesto que no nos gustaría ir a la cárcel y dejar de ayudar a quien lo necesite.

– Mucha gente tiene un dolor, asiste a una consulta con médico, de esos tradicionales, y luego se sienten peor –intervino Arístides–. Muchos médicos ven a los pacientes como socios con quienes entablar un negocio, o un cliente a quien venderle el derecho a mejor calidad de vida, entonces, las enfermedades (para que garanticen ingresos a los especialistas(deberían ser duraderas, costosas, difíciles de vencer, recuerde que estoy generalizando. Se ha degenerado la razón de ser de la medicina en la práctica elitista de verla como una mercancía donde la capacidad económica es más determinante que la solidaridad y el apostolado de servicio a la humanidad que pregona el Juramento Hipocrático. La industria farmacéutica sabe de curas para ciertas enfermedades, pero no es conveniente ponerlas al alcance de los enfermos pues el negocio se vendría abajo. Es hora, y desde hace mucho tiempo, de que los médicos se avoquen a examinar también el alma, a darle importancia a la situación espiritual del paciente y buscar allí la conexión con el daño físico, a apartarse del criterio mercantilista que excluye a muchos del derecho a ser atendidos con dignidad.

Al terminar la transmisión Humberto sintió los pasos apresurados bajando por la escalera. Era Mercedes, que también acababa de ver a los amigos de su hijo entrevistados. Con una sonrisa sin mucha fuerza y los ojos brillantes por unas lágrimas que amenazaban con emerger quiso hablarle cuando estuvo a punto de caerse en el penúltimo escalón de no haber sido porque se sujetó de la baranda de madera y allí se sentó avergonzada consigo misma por lo endeble de su figura, por la debilidad que a ratos parecía succionarle hasta la mínima energía para mover un dedo. Un incipiente entusiasmo de esperanza, una probabilidad casi asegurada, una opción aún no experimentada, estaba a su alcance. Entonces no aguantó espetar la pregunta.

—Hijo, ¿tú crees que ellos puedan…? —dijo.

—Daniel me ha dicho que ellos quieren ayudarte —contestó Humberto—. La próxima vez que nos encontremos hablaré seriamente con Arístides sobre algo que no me ha respondido, tendrá que decirme dónde está ubicado el sitio donde sanan, y les avisaré que irás a que te revisen y te sanen.

—¿Es algo malo de lo que van a hablar?

—Creo que no, pero es un misterio.

—¿Tú sabías que ellos sanaban…?

—No, mami, estoy tan sorprendido como tú. De ellos no me extraña nada que tenga que ver con el altruismo, pero no entiendo por qué no nos lo habían comentado, sobre todo por tu condición actual. ¿Cómo te sientes ahora?

—¿Cómo crees? Igual. A veces bien, a veces mal: nada constante. Eso es lo que me mortifica.

Sin perder tiempo, esa misma noche saltó la verja del patio trasero que daba al patio de Augusto Rey y acordó con su vecino que al día siguiente emprenderían, en el automóvil de éste, la búsqueda del consultorio donde Los Manos Santas curaban a sus pacientes. Le costó trabajo convencerlo. Augusto era tan incrédulo que casi podía considerarse ateo, buscaba a todo una explicación con base en el saber científico o empírico, aunque a veces deseaba tener una experiencia paranormal, algo que le erizara los vellos de pavor por desconocido y misterioso, pero nunca escuchó las voces que

Humberto decía haber escuchado, nunca vio almas en pena ni se prendió su televisor sin que nadie cerca lo activara con el control remoto, de manera que el misterio curativo de los cuatro tipos, esos mismos a quienes habían visto subir a La Colina en actitudes sospechosas, le daba mala espina. Pero su escepticismo nunca fue mayor que la fidelidad a su amigo, y Humberto era más que su vecino, era su hermano del alma a pesar de las diferencias de carácter y que no compartían tanto tiempo en los días recientes. Nunca le daría un no como respuesta ante una petición de ayuda.

—Además, tengo apenas dos días con mi carro nuevo y con esa búsqueda lo termino de estrenar —dijo Augusto para cerrar el trato.

—Gracias, hermano. Yo pago la gasolina —dio Humberto.

—No seas pendejo. En este país la gasolina es casi gratis. Tú garantiza que vamos a encontrar a los curanderos y, quien sabe, si no son estafadores les pido que me curen el asma.

—Te repito que mil gracias, hermano. Para el asma, podrías empezar con dejar de fumar.

—¡Ya, pues, sin regañar! Todo sea por saber si son magos, santos o bandidos.

Desde las dos de la tarde del miércoles ya Humberto se había desocupado en la universidad por la inasistencia de un profesor (costumbre siempre reprochada por él y aceptada por todos en esas universidades egregias donde algunos docentes son como Al Capone en Chicago, intocables, magnánimos, pero impuntuales e inconstantes para impartir sus cátedras, diría él) y Augusto lo pasó buscando en la Escuela de Letras, pero tras tres horas de dar vueltas en su Toyota Corolla *New Sensation* (regalo de graduación de sus padres tras agradarles la publicidad televisiva que mostraba a Brad Pitt manejando el auto), preguntando a transeúntes del este de la ciudad, no lograron dar con el edificio viejo que vio unos segundos en el programa de anoche. "Así estamos perdiendo el tiempo", se quejaba Augusto, "¿Son amigos tuyos y ni siquiera tienes sus números de teléfono?". Ya entonces Humberto no podía disimular el frenesí con el cual miraba las caras desconocidas de la calle creyendo que eran encubridores de Los Hermanos Mayores. Tan humildes son que no quieren hacerse tanta promoción, se dijo a sí mismo en silencio. Nadie refirió que los conocía o que los hubiese oído nombrar, el aspecto del edificio que buscaban tenía una descripción tan genérica que ellos hubieran podido visitar casi media ciudad sin aún cumplir su objetivo. Debían estar esparcidos por la calle, por el mundo, los espías que protegían la amorosa labor de aquellos sanadores. Él cruzaba la mirada con cualquier persona durante los semáforos en rojo, y cuando ésta la sostenía por un par de segundos una descarga en su abdomen lo hacía estremecer. Lo sabe, pensaba, sabe que los estamos buscando. En una garita preguntó a un par de vigilantes privados si conocían a Los Manos Santas y éstos se miraron entre sí, uno de ellos le contestó que no y a su vez le preguntó si se refería a algunos cirujanos plásticos de esos que les agrandan el busto a las mujeres, pero el otro afincó sus ojos en Humberto con una fijación rotunda, y él intuyó qué ocurría en aquel momento, debían de ser colaboradores, les avisarían que un muchacho los estaba buscando en un Toyota Corolla nuevo. Ya saben que lo sé, razonó mientras el vigilante le dijo que pasara buenas tardes y que no obstruyera el paso de otros automóviles por la garita. Recorrieron en cuatro horas los sectores de Santa Fe, Alta Florida, Los Chorros, Piedra Azul, Cumbres de Curumo, Santa Mónica, Los Chaguaramos, Santa Eduvigis, Monte Cristo y nadie les dio algún dato valioso.

—Se acabó por hoy el recorrido —dijo el muchacho con voz de mando—. Me da la impresión de que existe una componenda para negar el acceso a Los Manos Santas.

—No pienses en complots que no existen —rebatió Augusto—. ¿Entonces cómo Alicia Suárez tuvo contacto con ellos? Por allí debimos empezar.

— Correcto, hermano, es lógico.

—Me extraña que no se te haya ocurrido primero a ti. ¿Qué te pasa? ¿Y ese sudor, si no hay calor ahora?

Fue por aquellos días que subía solo a La Colina por las noches, sin precaver los peligros habituales de una urbe por la noche. Ya no transmitía la sensación de ser un chico de emociones estables y criterio sensato (la lejanía de Susana, la luz que vio absorber a Arístides y a sus hermanos, los altibajos anímicos de Mercedes, la dificultad de hallar a Los Manos Santas, todo le inquietaba, le robaba la paz para no dejarlo ni un minuto sin pensar en todo lo que no podía resolver, explicar, controlar), y dotado de la cámara de la tía Criseida, mantenía los ojos en el firmamento obsesionado por registrar cualquier suceso extraordinario. Venció su pertinaz miedo a la oscuridad y al riesgo de ser asaltado por maleantes en pos de cumplir su propósito de estar en el lugar donde no fuese tan remota la probabilidad de hallar a sus cuatro amigos. Salía de su casa a las nueve de la noche y pasaba toda la madrugada en vigilia insomne hasta el amanecer con un termo de agua y una bolsa de galletas saladas por si le daba hambre. Regresaba a su casa a las cinco de la madrugada y dormía hasta las ocho, cuando entonces se daba un baño e iba a la universidad. Logró establecer, no sin cierta resistencia, un pacto particular con los profesores de sus cátedras para poder entrar a las clases que impartían a otras secciones luego de las diez de la mañana y así continuar con el hábito insomne: la visita solitaria, delirante, empecinada, a La Colina. Criseida y Antera eran de sueño pesado, nunca despertaban antes de las ocho (eran un par de cincuentonas recién jubiladas de la administración pública que por fin se ejercían el derecho a dormir hasta la hora que les daba la gana), de modo que nunca advirtieron los regresos furtivos y silenciosos de su sobrino. Mercedes un par de veces advirtió ruidos en la cocina o pasos en los escalones y por el corredor de los cuartos, pero ya no estaba de ímpetu para regañar a nadie, por el contrario, si había de pasar sus últimos días de vida en la Tierra, quería que fuese viendo disfrutar a su hijo hacer las cosas que le daba la gana: era su manera de perdonarse por tantos descuidos de buena fe en una crianza repleta de enseñanzas basadas en el miedo y el reconcomio hacia Dios que había hecho de Humberto un chico poco sociable y huidizo para enfrentar las durezas de la vida y sin embargo, el hijo hizo mayor uso de su intuición y credulidad para no ser el huraño insensible y ateo que sus parientes creerían que sería. Ni su madre ni sus tías lo veían quedarse dormido a ratos en la cocina mientras se preparaba un café cerrero, ni salir a clase con los ojos llenos de legañas amarillas, ni devolverse apurado a dos cuadras de camino porque había olvidado echarse desodorante o llevar el cuaderno de apuntes. Humberto, tras dos semanas grabó desde La Colina una hora y siete minutos de luces misteriosas, de movimientos inexplicables, de formas cambiantes que lo hicieron sentirse afortunado entre millones de ignorantes e incrédulos del espectáculo más bello que el ser humano podía contemplar: seres bellos inteligentes asomados al joven planeta, resguardándolo de más desgracias de las que ya padecía, y haciendo piruetas sigilosas como para gritar en silencio, con madurez de adulto y candor de infante, que estaban allí, acompañado a los humanos.

Entonces un lunes, al volver a casa con las primeras luces del alba, fue sorprendido por sus tías, quienes al verlo lo tomaron por los hombros para zarandearlo y reprochar su desaparición. Lucían ojerosas y mustias de tanto llorar sin saber nada de él. Habían dejado diez mensajes de voz en su celular, llamaron al vecino, y hasta estuvieron a punto de llamar a la policía.

— No lo hicimos para no alarmar a Mercedes —dijo Antera—. Augusto te estuvo buscando en su carro por toda la urbanización.

—No me pasó nada malo —dijo Humberto sin contribuir a extender la discusión. Ya advertía que ellas no le entenderían.

—Sabes bien que por esta zona a cada rato vienen a robar carros, a atracar a mano armada a los ricachones que viven por aquí, a hacer cualquier maldad —alzó la voz Criseida—. No puedes salir así sin permiso. Sabías que tu madre no te lo iba a dar.

—Nosotras dos estamos cuidando a tu madre —dijo Antera con apropiada serenidad—. Pero esa labor también te corresponde a ti también. Desde hace días ya no conversas con ella, como al principio de su cáncer, ya no comes con ella en la mesa; ahora estás mucho tiempo encerrado en tu cuarto o en la calle buscando a tus amigos. No digo que tus amigos no merezcan que les dediques tiempo, pero no puedes negar que has desatendido a Mercedes.

Humberto no respondió. Sólo bajó la cabeza sin poder evitar sentirse avergonzado por la irrefutable verdad que había escuchado. De repente pensó que no debía forzar la velocidad de los cambios en su vida y decidió que esperaría a que regresaran de visita Arístides y sus hermanos aunque su ansiedad lo mantuviera inexorablemente perturbado. Desde entonces se acercó más a Mercedes. Ella le preguntaba por sus cuatro amigos, porqué habían desaparecido de repente, si había logrado contactarlos por teléfono para pedirles la ayuda de sus manos prodigiosas y el muchacho contestaba con los hombros encogidos diciendo un ambiguo *No sé* que delataba tanta ansiedad como ignorancia. En algún momento de nostalgia Humberto recordó las tardes amenas de partidas de futbol callejero, cuando aún no escuchaba voces por las noches ni se desdoblaba involuntariamente, y ya le parecían pertenecientes a un pasado remoto e irrepetible. De vez en cuando escuchaba a la gente comentando en la calle la curación casi instantánea de tal o cual enfermo de padecimientos más fuertes que los dermatólogos, que los oftalmólogos, que los traumatólogos, que los ginecólogos, inútiles todos en cada caso resuelto por sus misteriosos amigos, se elogiaba a menudo que Los Manos Santas eran todos los doctores resumidos en cuatro personas, pero más amables y abnegados, ante ellos era fácil sentirse en confianza, como ante un abuelo alcahuete, como ante una novia enamorada. A mediodía, mientras reposaban el almuerzo recostados en el sofá principal de la sala, Mercedes le contó al muchacho el sueño que recordaba haber tenido la noche anterior. Durante los últimos días siempre soñaba con Humberto, pero más que sueños, eran recuerdos oníricos de la niñez de Humberto de cuando aún no era huérfano de padre. Él escuchaba de Mercedes las travesuras que hizo y las frases cómicas que dijo, de las que no tenía memoria. Fueron mediodías felices para ambos, porque la remembranza de los años idos los unía como si la familia estuviese completa, sin disfunciones, orfandades, cánceres ni acechanzas extraterrestres. Era la vida simple y sin mortificaciones que no sentían tener en aquel presente y que gozaron en años recientes. Pero un día

Mercedes decidió en silencio no contarle el sueño. Aquella mañana despertó temprano para asistir acompañada de Criseida al chequeo con el oncólogo. Humberto, extrañamente, aún dormía y no las sintió salir. Para Mercedes era tan nítido el sueño que a veces le parecía un recuerdo. Era tal su lucidez durante lo acontecido que creyó verosímil que hubiese ocurrido. Ni siquiera quiso contárselo a Criseida. Durante el camino al consultorio sólo ganó su atención una leve sensación en el vientre, casi imperceptible pero real. No era dolor, sino quizás la presencia (o ausencia) de algo, el reacomodo de algún órgano. Era algo localizable. Controló en aquel instante sus nervios, así que no le dio importancia ni se quejó.

A las once regresaron de la consulta llorando, abrazándose, mirando al cielo y dando gracias al cielo sin cesar, casi a gritos. Humberto regresó de las dos clases que tenía en la universidad (había regresado a su horario oficial, para confusión de sus profesores) y Antera terminaba la sopa de arvejas para el almuerzo cuando Mercedes entró a la cocina estremecida de amor y alborozo, pero también de perplejidad, pues no dejaba de pensar en el raro sueño de pocas horas atrás y si acaso tenía que ver con la buena nueva. No dio los buenos días ni se demoró con ningún otro preámbulo:

—El oncólogo me dio un diagnóstico que no nos sabemos explicar —dijo secándose unas lágrimas en las mejillas—. Me sucedió un milagro. ¡Estoy curada! Ya no tengo cáncer. No hay células malignas en mi vientre, ni señales de metástasis.

Miraron todos a Criseida, que venía detrás, para que confirmara la noticia. Ella, también sollozando, afirmó con una inclinación de la cabeza y agregó que Dios era todopoderoso. Se abrazaron entre todos y se besaron, y Mercedes les dio detalles de lo que el médico descubrió tras el chequeo: sencillamente, el cáncer ya no estaba y los tejidos afectados estaban recuperando su normal funcionamiento celular. Como especialista no supo dar con el origen de tan súbita curación. La evolución del tratamiento de Mercedes no daba lugar a vaticinar el reciente resultado. Se limitó a decirles que en casos como aquel la fe que da ganas de vivir a los pacientes, y el amor que sienten que reciben de Dios, bastan para explicar lo que la ciencia no puede. Sin embargo, le indicó realizarse unos exámenes de rutina cada tres meses para observar su estado. El oncólogo bromeó con un inesperado humor negro que pensaba afiliarse a la empresa de seguro de Mercedes si era capaz de garantizarle una sanación idéntica ante un eventual cáncer. Ninguna de ellas asimiló el mal chiste.

En aquel mediodía Mercedes se adueñó de nuevo de la cocina, amén de la sopa de su hermana, para preparar un espagueti al pesto. Como si se tratara de encenderla por un interruptor, ella empezaba a recuperar el rubor natural de sus mejillas y un aliento de larga vida que se dispersó por toda la casa para extasiarlos en una alegría no conocida en meses, que tenía visos de ser duradera, que sosegó a sus hermanas e hizo a Humberto olvidar por ratos el embotamiento mental que le quitaba el sueño y el apetito. Entonces por la noche él quiso quedarse dormido a placer en el cuarto de Mercedes, abrazado a ella, y a pesar de su reticencia para con la Iglesia, prometió que la acompañaría a la tarde siguiente a misa de seis. Pero con su compañía en el cuarto de ella por dos noches seguidas, no sólo conseguiría satisfacer la curiosidad sino ser presa de un desasosiego abrasivo cuando al día siguiente su madre por fin se atrevió a contarle el sueño que no había querido revelar.

5

Mercedes recordaba haberse levantado de la cama, ya vestida con su bata de dormir, oyendo un leve zumbido, como el de la herramienta infaltable que usan los odontólogos, pero más suave aún. La ancha ventana del dormitorio estaba abierta, y le asombró, pues ella siempre la cerraba antes de acostarse a dormir. Vio un resplandor blanquecino proveniente del patio trasero, los árboles incólumes, la madrugada sin movimiento, dos sombras flacas de forma humana situándose junto a la suya, altas, de dos metros o más. Volteó la mirada y quedó inmóvil de pánico porque se percató de que había perdido, por el momento, la capacidad de gritar para pedir auxilio ante los dos cuerpos gigantes que le cerraban el paso para un posible escape. Su única opción, pensó, era lanzarse desde la ventana, pero presintió que no serviría de nada. No creyó que fuesen ladrones, se movían con excesiva parsimonia, lo cual en medio de su pavor le dio tiempo de advertir que vestían parecido a los buzos profesionales, con lycra y cascos ceñidos. No pronunciaron palabras, pero ella creyó entenderles que necesitaba tranquilizarse. De repente y con calma uno de ellos le tendió la mano. Entonces Mercedes pudo moverse, pero no para huir. Movió su brazo derecho y estrechó su mano con la otra que la invitaba, ésta no tenías cinco dedos, sino tres, largos y delgados, con unas puntas muy redondas y prominentes. Ya su sensación no era tanto de miedo como de curiosidad. Sentía el corazón latiendo con una cadencia más pausada, y comenzó a serenarla la impresión de que no le harían daño sino un favor. Empezó a darle jaqueca cuando el zumbido se disipó y escuchó una voz en su mente, no pronunciada por ninguna boca, que le dijo: "Hemos venido a ayudarte". No tenía ningún recuerdo de transición hasta la sala de luz blanca y tenue en que recordaba haber estado yaciendo acostada en una camilla, y sin fuerza como para ponerse en pie. A un metro de su rostro una lámpara extraña le encandilaba la visión y le hizo creer que se hallaba en un quirófano. La rodeaban cuatro seres, con porte masculino, vestidos igual a los aparecidos en su dormitorio, con las manos descubiertas, pero no mostraron instrumentos quirúrgicos, no vio ningún escalpelo, ni manguerilla, ni cánulas, ni le fue aplicado ningún tipo de anestesia. Los cuatro seres se tomaron de las manos en silencio ante el pasmo letárgico de ella, que no sentía temor, pero el estupor la estimuló lo suficiente como para no cerrar los ojos y tratar de grabar en la memoria todo cuanto veía. Uno de ellos acercó su rostro a Mercedes, que volvió a escuchar una voz cálida que le transmitió calma: "No tengas miedo", dijo. La frase no fue proferida sino como transmitida directa a su mente, pero la voz ya le parecía familiar, de alguien conocido. Segundo a segundo, empezó a dormir, luchaba con sus párpados por mantenerlos abiertos, recién experimentaba una sensación en el bajo vientre, quizás movimientos internos, no estaba segura de nada salvo que perdía plácidamente la conciencia. Fue despertada por Criseida con el aviso de que se apurara para que no llegaran tarde a la cita con el oncólogo. Aún desorientada y con la conmoción reciente en su cabeza, hizo una pregunta de confirmación de la realidad, qué día era, con un tono de desconcierto que motivó un sutil zarandeo de su hermana. La ventana principal estaba abierta.

—¿Cuándo entraste en el cuarto estaba cerrada la ventana? —dijo.

—Por supuesto que sí. De haber estado abierta nunca te hubieras quedado dormida —dijo Criseida—. La abrí diez justo antes de despertarte.

Aquel relato en oídos de Humberto produjo una oleada de preguntas y de emociones encontradas. La curaron, pensó en silencio, la curaron sin avisar ni dejar rastro, ellos lo tienen todo calculado. No sabía qué decir para expresar una reacción que no fuera de alabanza por el acto de caridad que los Hermanos Mayores habían obrado en su madre, porque sabía que sonaría como un chiflado defendiendo de viva voz una abducción con fines sanadores.

—Mira esta marca aquí. Casi ni se nota —le dijo Mercedes mientras se tocaba una leve hinchazón varios centímetros debajo del ombligo—. Tengo un borroso recuerdo de que ellos posaron sus manos suavemente en esta zona por unos segundos. Y exactamente aquí tengo una cicatriz. No puedo explicármelo.

—¿Te duele? —dijo Humberto con los ojos desorbitados de pasmo.

—No.

—¿Has pensado en la posibilidad de que no lo hayas soñado y que…?

—Cuidado, hijo, ya hemos discutido suficiente este tema. ¿Quieres decirme que fui raptada por extraterrestres que me operaron y me curaron? No sé qué decirte. No he pensado en eso, aunque lo recuerdo de manera tan nítida, como si hubiese ocurrido en verdad. Los sueños no suelen ser así. Pero lo que insinúas es una fantasiosa suposición.

—Lo que me has contado ocurrió en verdad, mamá. ¿Te das cuenta? Sí existen y te han curado. Los Hermanos Mayores son…

—No me atormentes con tus mismas ideas de siempre, niño. Estoy feliz, nos sobra y nos basta con eso. Por cierto, no me acompañaste a misa, como me prometiste. No se me olvida.

Mercedes pasó varios días confundida, pero sin exteriorizar su duda. Las marcas en ciertas zonas del cuerpo no podían tener justificación con un sueño, por muy vívido que fuese, pensó. La misma mañana del extraño sueño, el oncólogo le preguntó extrañado si se había sometido a una cirugía con otro especialista y ella, sincera, respondió que no.

—Entonces ha sido un milagro —concluyó el médico, intrigado pero inexpresivo—. A menos que la hayan curado Los Manos Santas esos que la gente comenta en la calle. Pero no fue así, ¿O sí?

—No, doctor. Yo solamente le puedo asegurar que siento que la vida me ha dado una segunda oportunidad.

—Estas cicatrices en su cuerpo podrían ser marcas de que usted fue sometida a una intervención quirúrgica, y con muy buenos resultados, sin ningún impacto en su organismo, porque las marcas son ínfimas. Ni siquiera nuestro bisturí más avanzado podría dejar cicatrices tan insignificantes. Sus células no muestran vestigio alguno de desorden. En verdad no sé qué asentar en su historial médico.

Era una tontería, una conjetura temeraria para Mercedes creer en extraterrestres, y menos que eligieran a una escéptica para curarle una enfermedad. Se conformó con la conclusión más simple: recibió el regalo divino, el milagro de los cielos, coincidiendo con un extraño sueño de abducción por extraterrestres que le practicaron una cirugía. Ese dios (con minúscula, acaso injusto o indolente) a quien años atrás reprochó por haberle quitado a su amado esposo, y del que no reconocía mayores aptitudes que el capricho de dar y quitar vida y felicidad, ahora le devolvía la esperanza, le daba el chance de continuar encarnada y de ver a Humberto hacerse hombre, con todo y sus defectos. No se le ocurrió otra explicación. Día a día, Humberto no dejaba de preguntarle cómo estaban vestidos aquellos seres del "sueño" (él ya empezaba a mencionarlo entre comillas, para expresar la duda), qué estatura tenían, cuán grande era la nave, si la habían tratado con violencia o con respeto, a pesar de que recordaba el relato de su madre con todos sus detalles. A pesar de la insistencia, ella no perdía su buen humor y siempre contestaba que la curación fue una demostración de la inmensa misericordia divina. Fue por entonces que empezó a ir de nuevo a misa, como hacía años que no lo hacía, acompañada de sus hermanas, que seguían viviendo en la casa por petición de la misma Mercedes. Ya la costumbre de tenerlas siempre con algo qué decir, rellenando espacios vacíos y momentos de silencio, y con su envidiable sazón en la cocina, se había hecho ley. Humberto no dejaba de admirar cada día más a aquellas dos mujeres tan devotas de la unión familiar.

Transcurrida apenas una semana después de la súbita sanación, se aparecieron de visita, a las seis en punto de la tarde, Arístides, Martín, Lucio y Daniel. Vestían idéntico a como Humberto los recordaba cuando los vio por televisión en Fascinante Planeta: de blanco desde los zapatos hasta el cuello de las camisas mangas largas de algodón. Le hicieron recordar a sus primas María Alejandra y María Victoria durante su etapa de Iyaworaje. Llegaron dando apretados abrazos y deseando paz a los habitantes de la casa, pero Humberto no quiso disimular su actitud y se mostró excesivamente serio para su usual talante, respondiendo con monosílabos, con la mirada que denotaba enojo, como exigiendo explicaciones o reprochando una falta. Estaba solo mientras las mujeres de la casa estaban en misa (Mercedes convenció a Criseida y a Antera de ser constantes, por lo menos, por aquellos días), de modo que él mismo, más por deber de anfitrión que por iniciativa propia, les sirvió agua fría y unas galletas dulces, prodigando un mutismo infantil.

—Ya deben saber lo de mi madre —dijo Humberto, por fin, sin que nadie le hiciera una pregunta.

—¿A qué te refieres exactamente? —dijo Martín, guiñándole un ojo y haciendo caso omiso al tono sarcástico del anfitrión.

—A que está curada el cáncer que tenía.

—Suponemos que te sientes agradecido con Dios —intervino Lucio, mirando al cielo del ocaso desde el porche donde estaban sentados—. ¿Lo has hecho?

En aquel instante pasó de su adusta disposición a un insoslayable dejo de vergüenza que le fue imposible disimular. No recordaba la última vez que había orado para implorar o agradecer. Reconoció que su inestable estado anímico lo había distraído de su conexión con Dios. Había pasado por la muerte de su compañero de clases, Adalberto, en unas condiciones que le hicieron reconsiderar las bases de su fe en los orishas, el cáncer de Mercedes con todos las disfunciones de ambos aflorando a diario y tornando voluble la relación entre ellos, las bajas calificaciones en la universidad (a las que ya daba poca importancia) que provocaban que en la familia se desistiera de considerarlo el baluarte académico e intelectual que prometía ser desde la primaria, la aparición de los hermanos de Arístides y su ensalzada labor como Los Manos Santas, las luces misteriosas que vio en tantas noches despejadas, el relato de Mercedes que parecía más de una abducción real que de un sueño, la encubierta conexión que suponía entre sus cuatro amigos visitantes y el objeto estacionado en el aire que los acogió con un rayo de luz blanca absorbente. Todo lo mantenía despierto en las madrugadas, haciéndose preguntas cuyas respuestas sólo podían darle sus hermanos mayores, pensaba, porque eran sus amigos y deben decírselo. Ya su insomnio no era provocado por voces nocturnas, era su incapacidad para relajarse y aceptar que no podía resolver misterios, es mi maldito cerebro que no me permite dejar de pensar en todo, pensaba, ay, Papá, discúlpame, maldije, espero que los Hermanos Mayores no me hayan leído la mente, pero con quien tienen tanta confianza si no conmigo, a ver, por qué no me terminan de confirmar que sanaron a mamá. Ellos venían y se despedían, aparecían y desaparecían sin avisar dejándolo siempre ávido del próximo encuentro, sí, quienes curaron a mi madre y quienes han jugado fútbol conmigo, quienes han tripulado las naves luminosas que se han visto en la ciudad por las noches, Los Manos Santas, son los mismos, no tengo duda. Una vez más, no fue terco para admitir su descuido. Ahora reprimía unas imperiosas ganas de llorar.

—Tienen razón —reconoció—. He estado fuera de mi centro, pensando mucho y he desperdiciado muchos momentos para relajarme y meditar, para charlar con Él.

—Te ha ocurrido lo mismo que a mucha gente en esta época: siempre están atentos de sí mismos sólo en lo exterior y se olvidan de sí mismos por dentro —dijo Arístides—. No cuesta nada estar un instante en silencio para dejar que fluya la conciencia por encima de las malas pasadas que suele jugar la mente a los atormentados. El corazón y el cerebro: par de elementos que formarán siempre parte de ti. No te imaginas lo beneficioso que sería reconocer al primero y controlar al segundo.

—Escúchenme, no puedo aguantar más para preguntarles algo:

¿Qué pasó aquella noche cuando se despidieron y, allí en la esquina, desparecieron bajo un rayo de luz?

Los Hermanos Mayores se miraron entre sí. Daniel tenía intención de contestar, pero Lucio se le adelantó.

—¿Quieres acompañarnos? —dijo mientras señalaba con el índice hacia La Colina—. Ya sabes que ese lugar es especial. Energéticamente hablando, es importantísimo para el planeta.

Cuando Mercedes volvió a casa con Criseida y Antera, un rato después de las siete, encontró en la mesa del comedor una nota de Humberto. "Salí con los Hermanos Mayores", decía. La hoja de papel estaba en el mismo lugar en el que su hijo había dejado otras tantas notas avisando que había salido con Arístides y que volvería temprano. En aquellas veces se irritaba tan pronto la leía por no estar en casa a tiempo para negarle el permiso a salir, pero ahora lo asumía tranquila, confiando en la buena compañía que rodearía a Humberto.

—Así los llama él: Hermanos Mayores —aclaró a sus hermanas—. De la misma manera que llama a los extraterrestres.

Aquella noche regresó tarde a casa, y también la siguiente noche, y la siguiente, completando una seguidilla de siete noches visitando La Colina para recibir lecciones de los Hermanos Mayores. Acudía a la universidad bostezando y ojeroso, con ganas de que cayera la noche para regresar a La Colina: las horas se le antojaban interminables mientras no estaba allí. Volvió a pactar con los profesores un horario que empezara luego de las diez de la mañana y éstos accedieron más por darle condiciones para subir las calificaciones que por méritos recientes. Mercedes tuvo la necesidad de conversar con él sin los gritos ni reproches hirientes de otras veces, pero preocupada sobremanera por las enigmáticas salidas de noche. En aquella charla encontró a un Humberto meditabundo, sigiloso y mirando a los ojos al escuchar. Ante el sutil reclamo apenas contestó: "Tienes razón, madre. Seré más prudente de lo que ya soy y no te haré pasar sustos. Pero no insistas en saber qué hago, porque no lo entenderías". Su tono solemne y el reconocimiento categórico de lo extraño de su proceder le parecían innecesarios, pues suponía que por no actuar de mala fe jamás provocaría preocupaciones a Mercedes. Ella le dio un sonoro beso en la frente, sorprendida y satisfecha por la actitud sensata que mostraba su hijo.

Aunque ya no volvió a acudir a La Colina por las noches creyó haber adelantado bastante su camino inequívoco hacia su máxima elevación espiritual. Agradecía a Dios por cada día, sentía amor tanto por los ruidos roncos de los automóviles como por los colores de su jardín, tanto por los refunfuños de las ancianas en la calle como por el llanto de un bebé desconocido, tanto por la ropa mal combinada de la gente como por los chistes de la tía María Eufrasia, respetaba la libertad de cada quién y daba cualquier consejo o ayudaba a quien él percibía que lo necesitara. Así lograba encontrarse en paz, orando a cada rato en la casa, al caminar en la calle, en la universidad, sintiendo la certeza de tener una relación de camaradería y de amor recíproco con su Papá. Creía ver belleza en todo, en las vecinas chismosas de su urbanización, en los hombres fanfarrones que tanto observaba a diario, el sabor de la remolacha (que ya no le repugnaba, aunque tampoco se había convertido en su hortaliza favorita), la música que antes no le gustaba, las palabras groseras en boca de una mujer, los charcos sucios que dejaba la lluvia al escampar, y tantas cosas que merecían su repudio y que ahora consideraba merecedoras de un distinto modo de apreciación: las toleraba, las comprendía, las amaba. Sin embargo, aún no perdía su afán de persuadir a sus oyentes para que practicaran un fraternal comportamiento hacia sus semejantes, una búsqueda dentro de sí mismos, una liberación de conciencia, de eliminación de los implantes de limitación que el mundo predeterminaba para cada vida en la Tierra (el miedo, sobre todo). Durante las últimas dos semanas iba a la universidad pero no a asistir a clases sino a predicar con grupos que encontraba charlando en los pasillos o en las áreas verdes preparándose para un examen. A veces se preguntaba si acaso pecaba de egoísta pretendiendo cambiar a la gente por mero gusto. Su popularidad aumentó en pocos días, se ganó la simpatía de los bohemios intelectuales (que los había de todas las carreras) que nunca dejaban de brindarle un par de cervezas bien conversadas, de los estudiantes de Filosofía, que parecían escuchar a un Platón contemporáneo, y hasta la dirigencia política de varias facultades lo invitó a unirse a sus filas alegando carisma y determinación para decir las cosas como debían decirse. Pero algo de huraño todavía mantenía, un aire taciturno, un disfrute por su propia soledad y un rechazo a la intimidad que a su vez lo alejaba de los demás, porque era de difícil abrazo y poco dado a estrechar las manos al saludar. Muchas chicas lo encontraron atractivo, maduro, sincero, y hasta de buen vestir, pero ninguna se atrevió a exteriorizar su gusto. Una invisible coraza alejaba a Humberto de toda posibilidad de intimidad estrecha con chica alguna.

Sus reuniones de días atrás con los Hermanos Mayores le dejaron profundas lecciones que sentía el tenaz deber de transmitir. A su manera, ellos empezaron a responderle las inquietudes que lo obsesionaban, y aun así Humberto terminaba confuso, con dudas que aclarar. Durante la primera de aquellas noches, se expresó sin rodeos.

—Ustedes siempre se han comportado de manera rara, como ocultando algo —dijo—. Creo que guardan un secreto importante.

—Hemos sido sinceros contigo, hemos sido hermanos. Eso es lo más importante —dijo Arístides con la misma suavidad que de costumbre.

—Pero no me han querido explicar sobre el disco de luz que los absorbió la otra noche. No me han dicho de dónde vienen.

—¿Crees que era una nave extraterrestre? —dijo Lucio.

—Sí —dijo Humberto. Respondió inseguro. Sentía que era cierto, pero la mirada de Lucio debilitaba su ímpetu inquisidor.

Martín se había apartado del grupo, ahora miraba al firmamento atiborrado de puntos refulgentes. Alzó los brazos en señal de saludo, ante el asombro de Humberto.

—¿Qué está haciendo? —dijo Humberto.

—Lo que el mismo Martín llama "integrarse con el Universo". Nosotros también lo practicamos —respondió Daniel—. Consiste en afinar tus sentidos y reafirmarte que eres parte de todo lo que nos rodea, que eres un elemento más, pero demasiado importante, de la

Creación Divina. Estamos hechos de polvo de estrellas, de ondas de agua, de luces de soles, de soplo de viento, de la chispa divina que llevamos dentro, de la inteligencia para reconocer esta maravilla, y del amor, que es la causa y finalidad de toda la belleza a nuestro alcance.

—Y si somos iguales, ¿qué importancia tiene que aquella noche hayamos entrado en una nave luminosa, o que sospeches que somos extraterrestres? —dijo Lucio.

Humberto se levantó y abrió los brazos, imitando a Martín. Vio el contorno de las incontables luces de la ciudad debajo, la luna llena, las estrellas estáticas que encendían el firmamento como una tela negra salpicada de escarcha plateada, sintió el viento denso y gélido contar su cara y cerró los ojos hasta lograr un estado de deliciosa quietud, de estable relajación tan profunda que dejó de escuchar cualquier sonido y le permitió sentirse sin peso, conectado con la energía vivificante que daba origen a todo, percibía cada partícula subatómica del entorno, y creyó sentir un clímax de éxtasis que supuso más placentero que el orgasmo. Abrió los ojos amando más al mundo. No supo cuánto tiempo transcurrió pero al volver a sentarse con el grupo, ya Martín había regresado de su ritual y comía una banana que sacó del morral de provisiones. Había transcurrido una hora. Por el resto de aquellas siete visitas consecutivas practicaron juntos aquel ejercicio de conexión.

Entablaron largas tertulias que siempre concluían con las alternativas para ayudar a solucionar los problemas del mundo. Pero aún Humberto se carcomía por dentro de tanta curiosidad por saber de Los Manos Santas. No se había atrevido a formular ninguna frase alegórica, ni sugerir que le dieran información, ni a hostigarlos con la mirada. Entonces, incapaz ya de contenerse más, soltó a quemarropa:

—¿Desde cuándo curan a sus pacientes? ¿Por qué no ayudaron a mi mamá?

—Tú nos viste por televisión. Allí dijimos nuestra verdad —contestó Martín.

—Y tú, Arístides, en todo este tiempo en que hemos sido amigos nunca comentaste nada sobre esto.

Arístides no respondió. Su cara expresaba la incapacidad para darle una respuesta que Humberto pudiera comprender, o eso pensó éste, pero Daniel habló.

—Nuestro objetivo siempre ha sido ayudar al necesitado, no crearnos publicidad ni hacernos famosos —dijo—. A los pacientes les hemos dado la instrucción o, mejor dicho, les hemos pedido el favor de no revelar quien los ayudó a sanar. Por la visita de Alicia Suárez, nos dimos cuenta de que alguien hizo ciertos comentarios sobre nosotros.

—¿Y acaso ustedes poseen poderes mágicos para curar? —volvió a preguntar Humberto con actitud sosegada—. ¿Cuál es la técnica que usan?

—Sólo hace falta decirte, por ahora, que la fe de los pacientes es la causa principal —dijo Lucio—. No existe tal magia.

—¿Quieren decirme que los enfermos mejoran solos, y que ustedes sólo son guías?

El resto asintió en silencio. Luego Arístides enfatizó que Mercedes estaba sanando desde días antes del chequeo médico en que se descubrió el supuesto milagro, pues nunca creyó improbable su recuperación, que durante su enfermedad se reía más que cuando estaba sana y se hallaba rodeada de más amor que de costumbre, que la alta vibración de él y de sus tías había sido de mucho provecho. Hubo entonces un repentino y liviano silencio entre ellos, hasta que el mismo Arístides propuso que meditaran juntos, y así lo hicieron.

Durante aquellas noches era más frecuente que pasaran más tiempo en silencio que conversando. Humberto observaba con asombro que los hermanos mayores se comunicaran sin decir palabras. Se hablan por telepatía, pensaba sin emitir ni un bufido, quizás me están leyendo los pensamientos. Y entonces intentaba dejar su mente en blanco para despistarlos, hurgaba en sus facciones esperando ver un semblante de contrariedad, pero no hallaba más que sonrisas sinceras. En las últimas tres veladas se dedicó a dibujar en un cuaderno, con creyones de colores, los hermosos movimientos de luces en el cielo, que por entonces empezaba a presentir y que tras un rato se dejaban descubrir haciéndose la atracción del momento. Ya conocía el firmamento como el astrónomo más perito (el estudio del Cosmos por internet daba sus frutos: podía reconocer a Marte, la Osa Mayor, revisaba a diario el pronóstico atmosférico como para saber si la noche sería nublada o despejada), ya podía relacionar y comparar patrones de movimiento y formas de objetos luminosos con los de otros avistamientos en México, en Puerto Rico, en España. Cualquier fenómeno en el firmamento ya le parecía familiar durante la última de aquellas ocho noches. Al explorar enfocaba a través de unos binoculares que nunca faltaban en su mochila, y al dibujar se ayudaba de una linterna que le sostenía cualquiera de los hermanos mayores. Miraban el firmamento tenazmente, escrutaban a través de las nubes espesas intentando atisbar cualquier incandescencia, como los astrónomos de la Edad Antigua, cualquier movimiento excepcional era advertido, y así lograron contemplar como testigos premeditados los vericuetos más intrincados de la noche, destellos de colores inconcebibles, estrellas fugaces que daban el tiempo de pedir el más sublime o vulgar deseo, los aviones apresurados, el rumor de tantas oraciones a Dios que subían como humo de chimenea hasta hacerse imperceptibles en la oscura inmensidad. Humberto también cargaba consigo la cámara portátil de Criseida sin permiso de ella, y en tres ocasiones filmó objetos luminosos que surcaban sin límites la madrugada, y cuyas formas no le parecían de aviones ni de globos sonda.

Meditando ocupaban el mayor tiempo en La Colina. Se sentaban juntos formando un círculo y con ojos cerrados transcurrían las horas sin hablar ni bostezar siquiera. Cuando volvían se miraban a las caras y se reían de ver al otro despeinado por el soplo del viento, tiritando de frío o con legañas en los lagrimales. Tras el largo rato de silencio y armoniosa respiración Humberto se sentía de mejor humor que nunca, y a pesar de la pereza, volvía relajado y risueño a su casa para dormir dos o tres horas, ducharse y partir a la universidad. De modo que cuando recibió el regaño de su madre luego de las siete noches consecutivas (el mismo subrayado de la inseguridad y del frío de la madrugada podía resfriarlo), reaccionó ecuánime y hasta con cierta hilaridad, lo cual la desconcertó.

Criseida y Antera regresaron a su hogar el miércoles de ceniza. Por haber pasado ya la cuarentena de años siendo solteronas y sin hijos, habían aceptado sin complejos ni baja autoestima que no habrían de casarse por designio del Destino, y por eso no dudaron en comprar de por mitad un apartamento modesto de dos habitaciones cuatro años atrás y volver a vivir juntas, como cuando eran niñas y no tenían responsabilidades: rebajaban los gastos domésticos y no sufrían los embates de la soledad angustiosa de un inmueble entero para cada una. Procuraron despedirse de Mercedes y de Humberto sin sentimentalismos cursis ni lágrimas intempestivas.

—Nos vamos porque no hacemos falta —dijo Criseida con su acostumbrada aspereza, entre risas y abrazos—. No duden en llamarnos cuando nos necesiten.

—Un millón de gracias, hermanas — se escuchó decir a Mercedes sollozando—. Sin ustedes no hubiera soportado todo esto que me ha pasado. Dios las bendiga.

La principal razón de aquella partida fue que Mercedes había regresado a los quehaceres usuales de su oficina en PDVSA por petición de sus subalternos, quienes siempre reconocieron su eficiencia, su buen tino como gerente y lo prácticamente imprescindible que se había vuelto para su entorno laboral. Ella, que recobraba fuerza y ganas, y que se reconocía fanática del trabajo, no dudó en aceptar el llamado de regreso solicitado. Le comentaron que, en su ausencia, un sustituto no rindió según lo esperado y fue degradado, devuelto a su antiguo puesto durante el período de prueba. Día a día se habituaba a la férrea rutina por la que se lamentaba de su soledad desde años atrás, cuando debía dejar a Humberto al cuidado de una niñera, cuando regresaba tarde a casa sin más ganas que las de darse un baño y acostarse en su cama a ver algo de televisión por cable, y sin embargo, no dejando de pensar en cómo haría para resolver al día siguiente lo que había quedado pendiente en la jornada. Por aquellos días nunca se percató de las veces en que su hijo hubiese querido verla y charlar, reír y cenar juntos tras esperarla durante todo el día. El prestigio que como ingeniera química había ganado en la industria petrolera nacional, con posgrados en Gerencia que redundaron en considerables ingresos y reconocimientos académicos y laborales, tanta ropa formal de ejecutiva, tantas juntas para aprobar proyectos, tantas veces tener que hablar en inglés para concretar una negociación, tan buena remuneración y eventual plan de retiro logró obtenerlos a costa de dejar a merced de la buena fortuna a su unigénito, la razón de sus razones, el gran amor de su vida. Tanto se preocupó por su bienestar, por tener los medios para darle seguridad económica que la manera que eligió terminó dejándolo fallo de cariño, de instantes tiernos, de escuchar "te amo hijo", de chanzas y abrazos estrujadores, de hacerlo sentir atendido, importante para ella. Ahora temía perder el acercamiento que tanto disfrutó con Humberto durante los días del cáncer, y entonces se prometió no depender de trabajadoras domésticas y administrar el tiempo para preparar el desayuno y la cena y comer con su hijo en la misma mesa, limpiarle y ordenarle el cuarto, lavar su ropa sucia, y encontrar, sobre todo, cualquier ratito, aunque no lo tuviera el reloj, para conversar con él y no dejar de estar al tanto de sus vivencias, gustos e inquietudes. Nunca más, carajo, pensó, nunca más lamentará, como yo, haberlo hecho sentir secundario. Cumplió su promesa con tanta rigurosidad que a veces Humberto hacía rotundos esfuerzos para no perder la paciencia porque Mercedes le cambiaba la ubicación de las cosas en su cuarto, preparaba mucha cantidad de comida abusando de los condimentos cuando él ahora comía alimentos livianos y con poca sal, lo despertaba excesivamente temprano para que se arreglara antes de ir a la universidad, le buscaba conversación en momentos inoportunos, al afeitarse los vellos incipientes de la barba, mientras repasaba su cuaderno de apuntes para un examen y hasta cuando él se sentaba en el excusado cuando los intestinos se lo indicaban, y si Humberto nunca reventó en quejas fue por reconocer y disfrutar el esfuerzo de Mercedes por complacerlo y ser la mejor madre posible.

En una de aquellas limpiezas maratónicas mercedes entró en el dormitorio de muchacho para quitar polvo, pelusas y cualquier clase de suciedad que apareciera en los rincones, en el armario, debajo de la cama, y se afanó en una búsqueda que la llevó al fondo nunca hurgado de las gavetas y repisas donde reposaban los calcetines, las camisas, pantalones y objetos de aseo personal como nunca lo hizo cuando tuvo ganas de hallar cualquier indicio de mala conducta: alguna hierba extraña aún sin fumar, algún dinero extra de procedencia injustificable. Bajo una columna de camisas limpias meticulosamente ordenadas por ella misma días atrás, encontró un cuaderno grande de hojas anilladas, de portada azul y sin ninguna inscripción en ella. Repasó la primera hoja con el pulgar izquierdo, absorta y expectante, y encontró unos dibujos, de modo que se sentó en la cama a detallarlos sin apuro. Eran de objetos de diversas formas, ovoides, triangulares, plasmados con un trazo preciosista que enfatizaba el fulgor que desprendían. Loa acompañaban ciertas observaciones como: "fue tan espectacular como inesperado", "es lo más bello que he visto", o "se dejó ver más tiempo que los otros". También aparecían señaladas las fechas y horas en que fueron dibujados: los más recientes eran de apenas dos semanas atrás. Cuando Humberto regresó de jugar futbol su madre lo recibió, cuaderno en mano, con una retahíla de tajantes reproches. Lo llamó desconsiderado, egoísta, imprudente, y le preguntó al borde del llanto si acaso había olvidado lo que le dijo María Eufrasia sobre los extraterrestres que querían llevárselo del planeta.

—Me extraña esa actitud que ahora tienes —razonó Humberto—. ¿No te he escuchado decir en el pasado que ellos no existen? ¿Entonces cómo me llevarían de aquí si son irreales?

—¿Qué quisiste decir? ¿Que la loca soy yo?

—No tenías razón para revisar mi cuaderno. Su contenido es algo muy íntimo que sólo a mí me concierne, y si no te lo quería mostrar fue porque no me entenderías, como siempre. Pero contéstame: ¿Existen o no?

Mercedes se vio encerrada en la pregunta. Respiró profundamente en vez de bramar el grito de ofuscación del que tenía ganas, y le lanzó el cuaderno a las manos sin hablarle ni dirigirle más la mirada y dando media vuelta para subir las escaleras y agazaparse en su dormitorio. Solamente dijo para sí misma pero con una entonación colérica para que Humberto escuchara: "Sigue dibujando las mierdas que quieras".

Ella siempre intentaba evadir su miedo a lo desconocido asumiendo su inexistencia, mostrando la terca incredulidad que la hacía discrepar sin tregua de las creencias de Humberto. Sin embargo, y solamente se daba el lujo de pensarlo más nunca de decirlo ni siquiera frente a su reflejo en el espejo, siempre le pareció lógico y probable que existiera vida inteligente y más evolucionada en algún otro lugar del espacio sideral, pero desde la muerte de su esposo llenó su corazón de pesimismo, de desconfianza, ya tantas actitudes y acciones de los hombres le parecían tan dañinas y propicias para estafar la fe de los incautos, que su única esperanza y motivo de vida era Humberto, verlo crecer, madurar hasta ser un hombre puro y ajeno a las inmundicias de la vida adulta. Por eso nunca escatimó esfuerzos en disuadirlo, negando sin contradicciones que los *enanitos verdes* existieran (aunque ya su hijo le había explicado que, según testimonios de diversas regiones y épocas, no todos eran verdes, y que hasta los había altos, como basquetbolistas), prohibiéndole los libros que según ella pretendían sugestionar la mente del lector, defendiendo que probablemente el tema extraterrestre y sus vistosos platillos voladores fueran una patraña de los medios de comunicación, de los estudios de cine de Hollywood, de líderes de sectas, de empresarios inescrupulosos con el exclusivo fin mercantilista de dar al ser humano otra razón más para consumir mercancía relacionada con el tema tras alienarle la mente convenciéndolo de una deseable probabilidad de la que aún no se ha registrado ninguna prueba irrebatible. "Niégame que no se gana bastante dinero vendiendo libros, películas, ropa, disfraces explotando a los enanitos verdes", solía preguntar Mercedes, asqueada de que la seriedad del tema terminara reducida a un producto más a la venta. Cuando se enteró en el diciembre de la revelación de María Eufrasia sobre que Humberto corría el riesgo de ser abducido por extraterrestres, pasó noches enteras sin conciliar la tranquilidad para dormir, aterrada por la simple posibilidad perderlo para siempre. Desde entonces rezaba para que su hijo se interesara en otros asuntos, sigilosamente sacaba de la biblioteca algunos libros alegóricos al tema ovni y a veces le confesaba a Dios que hubiera preferido vivir ese estrés por Humberto a causa de que en verdad fuese homosexual y no por su obsesión con seres de otro planetas.

Entonces Mercedes tomó la inapelable decisión de restringir las visitas de Arístides, Martín, Lucio y Daniel. Ya no le permitiría más salidas nocturnas a La Colina ni la tenencia de la cámara portátil. No se ventilaría jamás el tema extraterrestre en las conversaciones domésticas. A los tres días, cuando ella notó que Humberto casi no salía de su habitación y no paraba de escribir en el teclado de su computadora, suspendió el servicio de internet, y si no le suspendió el servicio de telefonía celular fue por considerarlo imprescindible. Se despertaba más temprano de lo habitual para llevarlo a la universidad y se quedaba estacionada durante un rato por si lo veía salir e irse a otro sitio. Nunca lo vio salir. Sin embargo, Humberto asimilaba las inclementes medidas con resignación y dignidad, si bien sus muecas y respuestas monosílabas daban a entender lo estúpida que consideraba la nueva actitud de su madre. Jamás exteriorizó una queja formal, jamás protestó. Como siempre que pasaban varios días sin comunicarse con los hermanos mayores, Humberto consideró con cierto desasosiego que algún día próximo llegarían de visita y que Mercedes no sería capaz de prohibirles la entrada e impedir que lo vieran, no se resistiría al carisma de los muchachos. Imaginaba que vendrían a aclarar la situación con Mercedes, como decían ellos que debía actuarse ante un malentendido: encararlo con sensatez. Fue cuando mantuvo el encierro sordo en su habitación queriendo sostener contacto telepático con los hermanos mayores a larga distancia sin necesidad de salir de su casa, porque ya tenía certeza de que ellos lo escuchaban, quizás lo seguían a donde quiera que fuera, lo protegían. Siguen observándome, pensaba, tal vez todavía piensen que soy apto para el encuentro cercano del tercer tipo. En la calle, si alguien lo miraba o le sonreía por pura cortesía sosteniéndole la mirada, sufría una descarga súbita de adrenalina, se le erizaban los vellos y no dudaba de haber tenido cerca un Hermano Mayor que lo había reconocido y que quizás lo vigilaba. Por qué son tan celosos y persiguen la huella de sus favoritos, se preguntaba en silencio.

Tal seguridad tenía en el amparo invisible de los Hermanos Mayores que cualquier persona en la calle era un potencial espía cordial venido de más allá de la atmósfera para ayudar a la Tierra, y se había convencido de tener la intuición afinada para reconocerlos a pesar de lucir tan normales como los transeúntes de la calle, como sus contrincantes de las partidas de fútbol, como las parejas que se besaban en las banquetas de las plazas. En el Banco del Libro de la avenida Luis Roche, mientras acompañaba a una compañera universitaria que investigaba para una monografía, se acercó a un anciano que durante diez minutos no hizo más que mirarlo con sospechoso tesón. La turbia actitud del rostro del muchacho intimidó al anciano, y antes de que emitiera algún sonido Humberto se adelantó. Estaba seguro de poder iniciar la etapa definitiva del contacto directo interrumpido desde el diciembre pasado, y aquel momento (silencio general, pocas personas alrededor) parecía propicio.

—Sí. Soy yo, el mismo de siempre. Estoy bien —dijo.

—¿De qué hablas, hijo? Yo solamente estoy pendiente de que desocupes el libro que tienes en las manos para usarlo también.

En el supermercado, un par de días después, cuando una chica bella le mantuvo la mirada fija y la sonrisa ancha y de dientes perfectos, muy arreglada de maquillaje y vestida con cierta formalidad. Humberto admiró la sabiduría y sensatez de los Hermanos Mayores que habían elegido la situación más trivial para entablar un acercamiento espontáneo a través de aquella muchacha, pero entonces al situarse junto a ella se decepcionó al caer en cuenta de que era una promotora de una marca reconocida de golosinas que recién lanzaba al mercado unas galletas dulces rellenas de crema de vainilla y ella le estaba ofreciendo una muestra gratis garantizando que le gustaría la variedad de sabores del nuevo producto.

El paso ineludible de los días no logró aflojar el rigor de hierro con que Mercedes impuso sus nuevas reglas. Las concesiones para dejarlo salir de la casa como no fuera para la universidad se restringían apenas a visitar a María Eufrasia los sábados (durante la hora del almuerzo, para aprovechar la envidiable sazón de la gorda feliz), a visitar a Augusto Rey para afanarse con los juegos de video, e ir al cine acompañado por ella. Él esperaba la llamada telefónica, el mensaje de texto en su celular, las cuatro estampas larguiruchas frente a su balcón vestidos deportivamente para jugar fútbol, cualquier medio por donde Arístides o cualquiera de los muchachos confirmaran que no se había perdido el contacto recíproco. Pero no previó que una noche, tras darse un baño, mientras yacía en su cama y se quedaba dormido, volvió a ser llamado por la voz, aquella voz serena, masculina, cálida, que tantas madrugadas enteras de sueño le había quitado pocos meses atrás, la que pensó que nunca escucharía de nuevo. Sintió de improviso la energía que una vez más lo inmovilizó, quedó con los ojos entreabiertos y desorbitados, "Humberto, Humberto", oyó, pero esta vez no lo dominó el pavor sino un dejo de paz y protección inusitados para él. Recibió mensajes de varias voces fácilmente diferenciadas, eran consejos, advertencias, narraciones de hechos futuros ante los cuales se mantuvo asombrado y yerto en la cama. Terminó el trance y tomó uno de sus cuadernos de apuntes y escribió todo lo que recordaba que habían dicho las voces. Al día siguiente, en mitad de la tarde, desatendió de repente un libro que leía para sentarse en el escritorio de su alcoba a escribir durante dos horas, fiel al dictado de una voz que en su mente le daba pautas y predicciones insoslayables y determinantes para el futuro del planeta. Luego releía lo escrito y pensaba en cómo encontrar un medio para difundir los mensajes de la manera más expedita y multitudinaria. Ya Humberto había recibido la información precisa sobre quiénes le hablaban y de dónde provenían, de modo que nunca dudó de la certeza de todas las instrucciones recibidas. Entonces comenzó, cual juglar que narrara de pueblo en pueblo gestas heroicas, a manifestar las revelaciones de viva voz, a grito herido si era necesario, a los vecinos de la urbanización, en las reuniones familiares, y siempre fue recibido por atentos oídos, pero que por dentro solamente afirmaban que el hijo de Mercedes estaba de ayuda profesional, de psiquiatra, de internarse en alguna institución para locos de atar que las familias repelen y olvidan. Hablaba de fenómenos climáticos y desastres naturales que a nadie sorprendían (cuanto astrólogo que vaticinaba el futuro mencionaba lo mismo, hasta Nostradamus y la Biblia no lo pasaban por alto), sucesos políticos diversos (golpes de estado, victorias electorales imprevisibles), muertes, nacimientos, guerras, premios, adelantos científicos, narrados con una vehemencia y seguridad que parecían de alguien que hubiera venido del futuro para impedirlos o propiciarlos. En la universidad aprovechaba cada rato libre entre clases para sus prédicas, y aunque aumentó su popularidad (tan envidiada por los tontos estudiosos e insociables), aminoró el respeto de sus compañeros, quienes desde semanas atrás ya lo veían como un orate más, comparándolo con los charlatanes que pedían dinero en las calles valiéndose de contar historias falsas para timar a los incautos. Por aquellos días le dio por vestirse enteramente de blanco, y con la dicción perfeccionada y la barba descuidada se hizo el personaje favorito para imponer apodos e inventar burlas insultantes de los alumnos más ocurrentes. Pero de lejos, Elmer y Eduardo, seguían cada discurso con disimulada avidez, porque intuían que Humberto no mentía al pregonar el origen de sus revelaciones, quisieron acercarse y compartir conocimientos, entablar nueva amistad luego de aquella noche en La Colina cuando a Humberto asqueó el credo de la congregación al que ellos aún pertenecían. Pero estaban ante otro Humberto, que en vez de quedarse callado y neutral para evitar controversias, había perdido el miedo a defender sus creencias para replicar cualquier idea con la contundencia de quien se siente con la verdad absoluta a su favor. Prefirieron permanecer a distancia.

Humberto no dejaba de mostrarse impulsivo y excesivamente expresivo y gesticulante, con la entonación elevada de la voz y la cadencia acelerada al hablar, y hasta un sudor en la frente que parecía no incomodarle, por lo que enfrascarse en una discusión con él en plena facultad significaría un acontecimiento masivo. Pero con Augusto Rey, la única persona a quien Humberto nunca esperaba convencer de nada (aparte de Mercedes, aunque no sabía determinar quién era más escéptico de ambos), ocurrió una sorpresa. Recibió una inesperada y comprensiva reacción.

—No sé si acaso estoy dejando de ser terco —confesó Augusto—. Pero ya he visto tantas cosas en el programa de Alicia Suárez, que de empezar creyendo que no existían me han llevado a una confusión. Admito que hay fenómenos inexplicables para la ciencia actual. ¡Qué bárbaros son los medios de comunicación, que me están convenciendo! ¿Y en verdad te han dictado todo lo que me acabas de decir?

—El mensaje de paz, esperanza y elevación espiritual es la tarea más sublime que ellos vienen a cumplir, y para eso necesitan de colaboradores, como yo, que solamente soy un medio.

—Pues, aunque te decepciones, la gente, y los malditos gobernantes, sobre todo, no se interesarán por ningún mensaje de amor sino por la tecnología utilizable para la guerra y otros adelantos que podrían hacernos la vida más cómoda. Los humanos podríamos darles otras cosas a cambio: podríamos ser buenos socios, contagiarles nuestras imperfecciones, y quien sabe, hasta podríamos dejar que preñen mujeres, como en la serie *Los Expedientes X*. Por supuesto, asumiendo definitivamente que ellos existen.

—Me iré.

—Está bien, nos vemos mañana.

—No me entendiste. Me iré de viaje.

—¿De viaje? ¿Y a dónde? Ah, ya lo sé, por Dios, te vas a fugar de tu casa.

Humberto se acercó, riéndose por la ocurrencia de su vecino, para abrazarlo diciéndole que había sido un buen amigo respetuoso del pensamiento contrario. Augusto le dejó hacer y también se echó a reír.

—¿Acaso te irás para siempre? —dijo Augusto—. No seas tan dramático. Pareces mujer.

En la universidad dedicó un día entero sin entrar a clases para entablar una larga tertulia con Elmer y Eduardo. Los encontró en el cafetín de la facultad y sin prolegómenos los abordó saludándolos con normal efusividad. A ellos les extrañó al principio la actitud hilarante y el semblante sonriente (tan distinto al chico predicador que más bien lucía fatalista y desdeñoso ante los defectos humanos, quizás atormentado por tanto conocimiento), pero Humberto se encargó de amansarlos con su encantadora e imparable verborragia sobre la preparación para una nueva era de agudización de conciencia. Entonces le invitó un café a cada uno y les animó a compartir confidencias sobre su opinión acerca de las revelaciones que había pregonado en los pasillos durante los días previos. Ellos se miraron entre sí con las facciones enigmáticas, sin autorización para decir lo que iban a confesarle, pero con las ganas irreductibles de compartir sus convicciones, hasta que Elmer soltó de repente:

—De nuestra congregación ha venido gente para escucharte, en calidad de espías y por orden de nuestro líder —dijo con el tono de una confidencia prohibida y la mirada que buscaba complicidad—. Y me han dicho que no ven razón para que tú hayas sido privilegiado con el conocimiento de tales revelaciones, hasta han llegado a dudar de que sea cierto tu mensaje y que solamente encontraste una manera de ganar popularidad entre gente que no te entiende o no te aprueba. Por favor, no le comentes a nadie que te he dicho esto.

—Sí. Supongo que no me ven especial —respondió Humberto—. Pero eso no debe restarle profundidad y veracidad a lo que me transmitieron los Hermanos Mayores. ¡Qué lástima ser liderado por alguien de fe miope! Ojalá pudieran huir y encontrar la verdad dentro de ustedes mismos sin necesidad de tales autoridades.

Al terminar la conversación les obsequió un par de camisetas del equipo nacional de fútbol que llevaba guardas en la mochila, les dio un abrazo y les aconsejó que se dieran el derecho a ser libres de conciencia y así serían hombres felices.

Fue a casa de María Eufrasia y pasó una tarde entera con sus primas, cantando con el karaoke, jugando Scrabble y escuchando de ellas, como siempre, los chismes más risibles del resto de la familia. Notó de inmediato nuevos muebles en la sala un televisor LCD de 32 pulgadas engarzado en su pared principal, y en la cocina vio que estrenaban un horno microondas. Aunque rió a carcajadas por ese rato, no pudo sentir menos que lástima por su tía santera, envejecida y achacosa, con la mente puesta en cuantos problemas sufrían sus ahijados y que ocasionaban sus ruegos de ayuda. María Eufrasia en los últimos meses parecía haber envejecido diez años. La constante gordura le había causado molestias en sus rodillas tan exigidas, y la zona lumbar de su espalda ya mostraba síntomas de incapacidad para sostener los casi cincuenta kilos de sobrepeso que tenía conforme a su estatura y su composición ósea. Una eventual osteoporosis harán de la gorda feliz una gorda quebradiza, pensó el muchacho También aprovechó el tiempo para tocar las maraquitas y los tambores de los santos. Se distrajo a solas encerrado con las soperas y las frutas en ofrenda. Conversando con María Eufrasia escuchó de sus propios labios (vociferando groserías) que dos días atrás una banda de bandidos le había robado el Malibu ´82 celeste estacionado enfrente de la casa, y un negociador no tardó en llamarla a su celular para avisarle que si no les entregaba dos millones de bolívares que le pedían jamás volvería a ver su carro. Pagó al día siguiente, no sin antes hacer una colecta proveniente de algunos de sus ahijados ricos de la santería y dejó una bolsa con los billetes en la esquina de un semáforo donde alguien esperaba para indicarle dónde se hallaba exactamente el Ford Malibu, a sólo dos calles.

—Y hace dos semanas unos ladrones se metieron en la casa, por el hueco del aire acondicionado y se llevaron mi televisor, los muebles y hasta el microondas —remató la tía—. ¡Hijos de puta! Que Changó los haga escarmentar un día de éstos.

No pudo evitar hacer una mueca de compasión por aquella mujer tan llena de amor pero con tanta propensión a los problemas, a absorber desgracias ajenas y sufrirlas como propias, que descuidaba su cuerpo por malvivir en avatares adoptados y difíciles de resolver. Humberto se preguntó si acaso la gracia de los orishas no debía librarla de aquellos infortunios, si valía la pena tanto fanatismo en algo si por otro lado las actitudes propias conspiraban contra la paz que se busca en la religión. Al despedirse fue más emotivo que de costumbre pero no se atrevió a dar detalles sobre su viaje. "Dame la bendición y un abrazo fuerte", fue todo lo que dijo. Y entonces recordó a Susana y le preguntó por ella.

—No sé nada de sus andanzas desde los días en que me acompañaba a visitar a tu madre, cuando todavía tenía el cáncer — contestó triste su tía, y miró al suelo empeorando la expresión del rostro—. Debe de estar metida en problemas.

Dedicó otra jornada de clases a visitar el apartamento de Criseida y Antera, que se lucieron con una cena formidable y unas anécdotas sobre la niñez de Humberto que él nunca había escuchado ni siquiera en los peores días del cáncer de Mercedes, cuando ellas inventaban cualquier recurso para que hubiera un tema de conversación que los mantuviera distraídos e inmunes al sufrimiento. Recordó momentos menos agradables (la muerte de su padre, sus bisabuelos y abuelos, la de Adalberto, las discusiones con Mercedes, cada persona que lo había llamado loco), pero sobre todo, sus tías le confirmaban, con su manera de entender la vida, que lo que los humanos llamaban errores o desgracias sólo tenían como finalidad hacer crecer el espíritu a través de cada experiencia, que si las nociones de karma o causa y efecto eran ciertas o falsas, de todas maneras el hombre estaba formado por una esencia inmaterial, no ubicable en la anatomía humana (eso que las religiones llamaban alma, diría él), por una mente y un cuerpo físico que debían estar en perenne armonía, y que todo lo que ocurría en la vida estaba destinado a probar la fortaleza de tal armonía, de cada quien dependería afrontar las vivencias para alimentarse y crecer o para autodestruirse, y en eso, sus tías eran expertas: en sobrevivir con alegría. Así se regaló un bello recuerdo de sus seres más cercanos y queridos, una última ocasión, como de despedida, para amainar una eventual nostalgia como viajante.

A Mercedes se dedicó a contemplarla por varios minutos dormida en mitad de la madrugada. Un improbable testigo hubiera pensado que estaba acechándola para matarla durante el sueño. Le dio con sutileza un beso en la frente para no despertarla. Regresó a su dormitorio, ordenó la caja de cartón que colocaría junto a su cama a la vista de cualquiera que entrara, y en la mesa de noche dejó la carta que había escrito hasta minutos atrás. Abrió su ventana para grabar en su memoria el aspecto de la noche fresca y del cielo espectral desde aquella perspectiva. Temblaba de nervios, tenía un día sin comer, pero nunca vaciló en sus ganas de irse. Ya me han entrenado suficiente, pensaba, estoy preparado como el que más. No guardaba rencor por aquellos que lo consideraban un demente más, ni por Susana y su insultante despedida, ni por la terquedad de Mercedes, por el contrario sentía una entrañable compasión que lo sumió en una paz propicia para el momento. Si usaran sus sentidos para despabilarse, suspiró en voz baja. Había cavilado muchas veces en los últimos días si quería partir o quedarse, y aunque sabía del inminente sufrimiento que le causaría, no dejó de hacer uso de su facultad de pensar en sí mismo, en su libertad para elegir sus siguientes pasos. Entonces regresó a su mente el rato final de la última de las siete noches consecutivas que vivó junto a los Hermanos Mayores en La Colina, esa conversación que aclaraba sus dudas, que confirmaba sus sospechas, y que lo convirtió en testigo y protagonista del descubrimiento más impresionante de la historia.

– Todavía no entiendo por qué si ustedes curaban a la gente no ayudaron a mi madre, que tanto aprecio ha demostrado por ti, por ti, por ti y por ti –dijo Humberto señalando a cada uno con el índice–. Hubiera sido apropiado visitarla un día y sanarla.

Sus cuatro amigos se miraron entre sí, en silencio. Respiraron profundamente y miraron el firmamento. Por fin, uno de ellos le sonrió y habló.

–Una vez te dije que queríamos ayudar a la señora Mercedes –dijo

Daniel–. ¿Lo recuerdas?

–Sí.

–Eso fue lo que hicimos –dijo Lucio–. Pero ella no lo comprendería tan fácilmente.

–¿Qué hicieron? –preguntó Humberto, presintiendo una revelación inquietante.

De pronto, sintió una fuerte presión en la cabeza, como si alguien se la estuviera aplastando, y oyó una voz semejante a aquella que meses atrás le robaba la vigilia del sueño. Vio que Arístides lo miraba directo a los ojos, la voz provenía de su amigo, el larguirucho, el sonriente, pero tenía los labios cerrados, como Mercedes se lo contó en lo que ella creyó que era un sueño pero que él lo negaba, ya ahora más convencido porque estaba escuchando con nitidez dentro de su cabeza la misma frase: "Le ayudamos a sanar". Sin darse cuenta ya era un coro de cuatro voces en su mente el que hacía la misma afirmación, las de sus Hermanos Mayores, agregando que no temiera, que siempre habían sido buenos con él, aun cuando la señora Milagros hizo el trabajo de espantarlos el diciembre pasado, aun cuando él mismo los invitó a alejarse para poder dormir en paz. Ya Humberto lucía tan yerto como un asta de bandera, pálido como las nubes tímidas que aparcaron lejos aquella noche, la mirada desviada, la respiración copiosa.

Como un huracán devastador regresaba aquel recuerdo reciente. Ya no tenía duda de quienes eran ellos. Miró la hora en su reloj Nike de pulsera. Ya es el momento de irme, pensó. No se había despedido de Arístides, Martín, Lucio y Daniel.

Sin el resplandor blanquecino que penetrara por la ventana, sin el pálpito de malos presagios en el pecho, sin el desasosiego del ambiente anómalo por la ausencia inexplicable del hijo único, Mercedes despertó con ganas de orinar a las cuatro de la mañana y se devolvió a su cama. Aquella situación estaba lejos de ser indescifrable en su lucidez, como el recuerdo de haber sido raptada por extraterrestres para ser operada en el vientre y curada del cáncer (aún no estaba segura de haberlo soñado), era una de tantas veces en que despertaba para ir al baño o para beber un vaso de agua fría cuando sentía la garganta reseca, siempre ataviada en su bata de seda fina y sus calcetines gruesos. Nada parecía ser diferente aquella madrugada. Despertó de nuevo a las seis y cuarenta y cinco para preparar rápidamente el desayuno, arreglarse para otra jornada en su oficina, y llevar a Humberto a la universidad antes de que el tráfico tupido los retrasara a ambos. Sin embargo, al bajar las escaleras advirtió lo inusual del silencio en el cuarto de su hijo, que siempre encendía la radio para escuchar algo de música o el televisor para sintonizar algún noticiero matutino, que siempre abría el grifo de agua al máximo para ducharse. Tampoco había bajado a desayunar los panqueques con margarina sirope de Maple que aún permanecían tibios en la mesa de la cocina, envueltos en servilletas. Fue cuando pensó lo peor. Con lo voluble del carácter de su hijo durante los recientes días pudo haber pensado en el suicidio. Sólo Dios sabe quién carajo habrá podido venderle algunas pastillas para no despertar, pensó en fracciones de segundo. Soltó de inmediato la taza de café con leche y corrió por las escaleras hasta que llegó al cuarto de Humberto y giró la manilla con las manos temblorosas. No encontró a Humberto. Estaba toda su ropa, sus zapatos, hasta su cepillo de dientes, la cama tenía las sábanas sin arrugas, como si él ya las hubiera tendido o como si no hubiera dormido allí. La furia de la preocupación estéril le indignó y le hizo llorar. "Humberto, Humberto", gritó desgañitándose sin que nadie le respondiera. Estaba sola. Cuando Humberto regresara la encontraría furiosa como nunca hubo de verla antes, supuso. Ya consideraba un abuso que Arístides y sus hermanos mayores alienaran la mente de Humberto con ideas tan heterodoxas, pero le parecía imperdonable azuzarlo para desobedecer las órdenes de ella y convencerlo de no pasar la noche en casa. Reparó en una caja de cartón junto a la cama y de allí sacó el cuaderno de notas y dibujos que había husmeado semanas atrás. Ahora estaba repleto de otras escrituras, frases y párrafos distinguidos con resaltador fluorescente amarillo, datados con fechas más recientes. Encontró casetes de video, un CD, fotografías de luces de diversas formas y colores tomadas de noche y otras con el cielo negro sin nada sobresaliente, de discos plateados flotando en medio del amplio celeste del cielo a pleno sol de la tarde. Ya estaba llorando tenazmente al instante de tomar la carta de la mesa de noche. Entonces no tuvo duda de que no era una insubordinación de un día, un arrebato de rebeldía en el que Humberto prefería dormir fuera de casa demostrando la impulsividad propia de los chicos de su edad, aquella carta de un folio escrito de puño y letra por ambas caras no podía ser menos que una despedida. La leyó sin descanso, sin respirar ni parpadear. Reconoció la certeza de todo lo dicho en ella, de sus errores como madre, de su incapacidad o falta de voluntad para entenderlo o aceptarlo. Sin embargo, Humberto recalcaba que la amaba a pesar de cualquier desavenencia entre ambos, que no dejaba de dar gracias a Dios por el hermoso chance de experimentar la vida en un planeta que aún necesitaba mucho por aprender y que si bien no siempre se sintió cómodo o feliz ahora comprendía que el camino valía la pena recorrerlo. Revelaba que se iba a un lugar donde aprendería cosas, conocería a profundidad de aquello que algunos humanos apenas han visto la superficie y que otros ni siquiera se han aproximado, que la Tierra era un lugar que en pleno albor del siglo veintiuno todavía estaba atrasada espiritualmente, lenta en su evolución, pero que el potencial del ser humano, y su necesidad de volver a la Era Esplendorosa que alguna vez experimentó, daba lugar a mantener fuerte la esperanza de un renacimiento maravilloso, un despertar de los dormidos, una clarividencia de los ciegos, un amor colectivo que haría parecer tontos a los inicuos, a los apáticos, a los injustos, en el cual todos hicieran uso de su libertad y su capacidad para la iluminación como vías para la vida plena y feliz, libre de las ataduras y obstáculos como la religión, la política, el tabú sobre el sexo, las discriminaciones, porque por fin el hombre y la mujer comprenderían su belleza natural y convergerían en el esfuerzo de no encarnar en vano amándose, apoyándose, buscando soluciones antes de esparcir problemas, entonces los gobiernos de los países no harían falta, ni las estructuras burocráticas ineficientes, ni los intentos pueriles de formar familias tristes y sin amor, surgiría la necesidad de un gobierno único mundial con pocos meses de duración, se viviría en comunas sensatas, solidarias y llenas de amor y respeto por la diversidad y autonomía de cada quien, ya sería otra era, nada parecido al intento fracasado de llevar a cabo un planeta dirigido por jefes brutos y mentiras sagradas que estancó la vida a punta de costumbres y programaciones que no procuraron prosperidad igual para cada región, que no promovieron la libertad, que silenciaron sublimes verdades milenarias. "Por eso me he ido: para ganar sabiduría, elevar mi conciencia y poder hacer mi aporte a la Tierra", rezaba una de las últimas frases. Terminaba rogando a su madre que entregara todo lo contenido en la caja personalmente a Alicia Suárez Gabaldón. "Ella hará justo uso de esa información. Madre, si respetas mi voluntad hazme ese gran favor de no ser yo el único en saberlo", rezaba textualmente. La frase final le paralizó de pasmo: "Los Hermanos Mayores me tratarán bien: eso no lo dudes. Dios te bendiga. Te amo mucho".

Por fin respiró al terminar la lectura y lloró otra vez abrazando la carta, pero solamente por unos segundos. La justificación de Humberto tenía motivos loables, a su entender. La esperanza de un pronto regreso con un hijo renovado, maduro y sabio, la consoló de inmediato y le sirvió de recurso emergente para mitigar la soledad que recién se instalaba en la casa. Pero qué me pasa, pensó extrañada de sí misma, ahora parezco darle la razón. Esperó hasta las nueve, sin hacer nada y llamó por teléfono al número señalado en la carta, que según Humberto pertenecía al equipo de producción de Fascinante Planeta.

—Buenos días. Mi nombre es Mercedes Martínez, viuda de Parra —dijo entre sollozos.

—Buenos días. ¿Se siente bien? —contestó una voz masculina en una oficina.

—Quiero entregarles un material que grabó mi hijo y que les puede servir para el programa de Alicia Suárez Gabaldón. También le quiero dar personalmente a ella un cuaderno. Supongo que le interesará mucho lo que tiene escrito y dibujado. Tiene que ver con ovnis. Quizás le sirva para escribir un libro.

—¡Ah, qué interesante! Alicia Suárez se encuentra ahora en la sede del canal. Si puede venir en el transcurso de la mañana podría verse con ella.

—Entonces en un rato estaré allá.

—¿Cómo me dijo que se llamaba?

—Mercedes Martínez, viuda de Parra.

—Aquí la esperaremos. Le repito: ¿se siente bien?

Colgó. Tomó la caja como una autómata, tratando inútilmente de conservar la mente en blanco, porque ahora se le había presentado el deber moral de apoyar a Humberto aún en su ausencia. Ya para ella dejaba de tener importancia qué tan obsesionado se había vuelto el muchacho por el tema ovni, ahora la situación ameritaba demostrar fe en él, no arrojar la caja a la basura y lamentar la manía de que él creyera en demenciales fantasías. Es lo mínimo que te mereces, mi cielo, pensó. Encendió el automóvil y condujo hacia la sede de VTV en Los Ruices, asumiendo ya la dura transición, la casa inmensa para ella sola, el mutismo de los amaneceres, el televisor de la sala apagado al momento de la transmisión de Fascinante Planeta, el sufrimiento quedo y callado al responderles a los familiares y amigos que preguntarían por su hijo. Durante el camino pensaba a cada segundo sobre el destino de Humberto al activar la luz de cruce, al pisar acelerador y el freno, al mirar por los retrovisores, al asomarse al cielo durante las luces rojas de los semáforos.

6

Al sexto día de la desaparición de Humberto ya Mercedes había llorado lo suficiente como para poder dormir la noche entera, llevarse a la boca las tres comidas diarias y no llevar a PDVSA el aire de densa tristeza que se notaba hasta viéndola caminar. Las reflexiones que mantuvo en su forzosa soledad amainaron la congoja honda que nadie le vio padecer en la calle. Lo extrañaba (nunca lo negaría), pero no impulsó ni el más pequeño músculo de su cuerpo para iniciar alguna averiguación formal sobre su paradero, no introdujo ninguna denuncia ante las autoridades, no preguntó a los vecinos de la urbanización ni averiguó en la universidad si acaso había asistido a clases. Llegó a la resignación estanca de creer en su cercano regreso, en el aprendizaje que recibiría, en la buena compañía que lo cuidaría, de modo que el rencor que a la primera impresión sintió por los Hermanos Mayores se tornó progresivamente en un respeto y curiosidad que la llevó a investigar en internet sobre el fenómeno ovni y testimonios de abducidos: pasó el domingo de aquella semana adherida, como con una soldadura, a la silla frente a su computadora, investigando reseñas en Google, sin comer ni darse un baño. No tenía dudas de que él era el hombre de su vida, no su difunto esposo ni su amado padre, y que algún día volvería cargado de amor para ella y para el mundo, a jugar fútbol los fines de semana, a probar los postres que ella le prepararía con devoción, a fascinarla con sus buenos modales y su inteligencia. Ahora Mercedes caía en cuenta, tras horas de silenciosas contemplaciones del pasado, que Humberto se había convertido desde el principio de su adolescencia, en el modelo masculino que ella tanto esperaba encontrar para hacer nueva vida marital, pero ningún pretendiente fugaz se pareció a él, no eran morenos claros como él, ni tan espigados, ni mostraban una ortografía sin pifias, ni mucho menos eran diáfanos de corazón ni maduros de carácter como lo que Humberto demostraba ser desde el principio de su adolescencia. Fue así como ella sobrellevó su viudez: decepcionándose de los hombres vez tras vez. Su intimidad sexual, al no sentirse en confianza con ningún hombre que valorara el sexo con amor, se redujo a masturbarse viendo películas eróticas por cable y los gráficos de un libro de Kamasutra imaginando que ella era la actriz poseída o las féminas de los dibujos que mostraban diversas posiciones.

En las visitas a Criseida y Antera, o a María Eufrasia, cuando le preguntaban por Humberto lo excusaba pretextando unas asignaturas difíciles y mucha lectura para los exámenes de fin de semestre. Hizo todo lo posible para no recibir visitas argumentando que ella y Humberto estaban la mayor parte del día en la calle concentrados en sus quehaceres (le pareció oportuno inventar un grupo de estudio en la universidad que invitara a Humberto a pasar los fines de semana preparándose para las evaluaciones, la casa de un compañero rico, invitaciones a quedarse a dormir, sin necesidad de más pormenores). Augusto Rey, hijo mantenido por su padres que esporádicamente se encargaba de ayudar en el negocio familiar de venta de repuestos para automóviles para paliar su mal rendimiento en la universidad que aquellos le pagaban, era un chico casero por más alocado que a veces luciera y, siendo noctámbulo de costumbre, le extrañaba no haber visto más a Humberto de noche mirando al cielo o apuntando con su cámara pendiente de grabar algo de interés. Augusto fue testigo silente de las veces en que su vecino volvía de La Colina tras las siete noches que, según anotó en su cuaderno, compartió con sus Hermanos Mayores. Fumándose unos cigarrillos a escondidas, se asomaba por su balcón a relajarse ante la impotencia de no poder ganarle al desvelo y de repente aparecía su vecino, de chaqueta cerrada y morral al hombro, tiritando de frío, llegando a su casa con paso presuroso. El viernes en la noche tocó la puerta de al lado y salió a su encuentro una Mercedes fea, desaliñada y malhumorada por la evidente interrupción, y que apenas entreabrió la puerta.

—Humberto está estudiando para unos exámenes —dijo—. Eso deberías estar haciendo tú también, niño.

—Buenas noches, señora Mercedes. Hace días que no lo veo y…

—Discúlpame pero no me siento bien ahora. Buenas noches —interrumpió y trancó la puerta de una vez.

Pero Elmer y Eduardo llegaron de improviso la tarde del domingo a saludar a Humberto y continuar con él la plática franca y respetuosa que mantuvieron en la universidad. Encontraron a Mercedes recién bañada, relajada tras media hora yaciendo en su bañera dejando a los pensamientos reposar para que no la atormentaran y le hicieran advertir de nuevo la magnitud del tedio sin Humberto en la casa que ahora sentía más ancha y desolada. Recibió a los chicos con mejor humor que a Augusto. Ya estaba vestida con su bata de dormir para echarse en su cama a ver televisión, y aunque no tenía previsto interactuar con nadie, ni lo deseaba, saludó con aire cortés a los chicos que recordaba haber visto antes. Pero para ellos la excusa de la ausencia de su hijo no sería la misma que para la familia, ellos estudiaban con él. Entonces recurrió a la improvisación y soltó sin dar muchos detalles que Humberto había viajado a Cuba para hacerse un santo (hijo de Obatalá, no era para menos que la ceremonia se celebrara allá, con babalawos renombrados), que era un asunto tenía planeado desde hacía meses y que lo acompañaba un tío paterno que conocía a un babalawo de La Habana que oficiaría el ritual.

—¡Qué raro! —exclamó Elmer—. A Humberto no le vimos puestos sus collares desde la muerte de Adalberto, nuestro compañero de clases, hace unos pocos meses. Supongo que usted se enteró del incidente. Y recientemente le escuchamos opiniones que se alejaban de la práctica de cualquier religión. El fanatismo religioso es una tranca para las aspiraciones de los que quieren vivir libres y en paz con la humanidad, según él. Estamos seguros de que respetaba la libertad de cada quien que quisiera profesar una religión, pero su actitud no parecía de alguien que practicara alguna.

—Pues, muchachos, es lo que Humberto me mandó a decir a quienes preguntaran por él.

—Señora, discúlpeme lo temeraria de mi pregunta, y quizás no debería hacérsela —prologó Eduardo—. Pero… ¿Usted sabe o sabía de lo que Humberto hacía en la universidad durante estos últimos días?

—Estudiar, supongo.

Los muchachos se desconcertaron ante la respuesta que disfrazaba a una cómplice o que revelaba a una ignorante de las actividades de su hijo. Hubieron de pedir un poco más de tiempo para explicar las revelaciones que Humberto decía haber recibido de los Hermanos Mayores del espacio para ilustrar al planeta sobre el cambio de conciencia necesario que propiciaría una nueva era de esplendor y sabiduría como no se había visto ni en los tiempos de la Atlántida y Lemuria. Para Mercedes no era una novedad sorprendente. En las reuniones familiares de los últimos días Humberto se convertía en el centro de atención mientras pregonaba sus discursos. Sin embargo le costó creer que él eligiera el recinto universitario como tribuna sin que le importara la vergüenza o falta de credibilidad de la que sería objeto. Mercedes se excusó con un inventado cansancio tras horas haciendo oficios en el hogar y los muchachos entendieron la seña que terminaba la conversación. Empezaban a notarla incómoda, casi avergonzada por la desaforada imaginación o el delirio obstinado de Humberto. Antes de despedirse, opinaron en descargo de su compañero.

—Usted no se imagina la hermosa labor de luz que Humberto realizó en la universidad —dijo Elmer.

—Pocos lo comprendieron. Él fue víctima de muchas burlas pero nunca le importó la desaprobación de algunos —remató Eduardo antes de voltear para retirarse—. Admiramos su coraje y su fe. Siéntase orgullosa por ello.

Luego de transcurridos tres martes consecutivos desde que

Mercedes hubo consignado en el canal de televisión el material audiovisual y los escritos hechos por Humberto aún no se había transmitido nada. Si bien no dejaba de extrañar a su hijo, por lo menos ver en Fascinante Planeta su legado le daría un motivo para creer que aquella súbita partida no era en vano y que el muchacho no era un loco o un farsante queriendo convencer a gente manipulable. Y como impulsada por una voz interior que se lo ordenara, se tomó la tarde libre en su oficina de La Campiña alegando una jaqueca tenaz y se enrumbó hacia el canal para averiguar personalmente el asunto.

Al anunciarse, sólo su buena memoria le hizo ahorrarse la traba en la recepción al recordar el nombre de la periodista a quien solicitaba, una asistente de Alicia Suárez Gabaldón. Además, su vestimenta formal de ejecutiva y su carnet de PDVSA que dejaba ver su cargo hacía lucir la visita como de carácter institucional (el recepcionista pensó que se trataba de alguien que representaba a un nuevo anunciante de Fascinante Universo). Ya en la oficina notó que el personal la recordaba, pero quizás no solamente por haber venido en fecha reciente sino por otra condición que delataban las miradas, y eso la incomodó. Hasta llegó a pensar, en el colmo de sus presunciones fatalistas, que el material audiovisual de Humberto se había deteriorado o extraviado de mano en mano. Cuando aclaró la mente escuchó su nombre de una voz femenina y volvió al momento real. Era Alicia Suárez Gabaldón que se acercaba para saludarla y estrecharle la mano, ataviada en su atuendo habitual para las grabaciones (braga de bluyín, gorra beige, zapatos de tacón bajo) emanando sutil olor mezclado de perfume costoso y cigarrillo recién fumado. Acababa de regresar de una entrevista a científicos genetistas y se encontraba en ese instante descargada de tareas, por lo que quiso dedicarle en persona el tiempo necesario para atender a Mercedes. La invitó a acompañarla dentro de la oficina. Sin toque femenino en la decoración y con una sobriedad propia de una jefa con muchos subalternos a su cargo, Mercedes pensó que aquella oficina bien podía ser una imitación de la suya.

—Tome asiento, señora Martínez —dijo Alicia Suárez—. Lo que he de comentarle hay que tratarlo con seriedad.

—Usted dirá —se sinceró Mercedes—. Pero déjeme decirle desde ahora que yo vengo a averiguar sobre el material audiovisual que les entregué hace tres semanas atrás. Quisiera saber cuándo será transmitido.

—Esa información pudo haberla solicitado por teléfono al equipo de producción. Sin embargo, le adelanto que el contenido de las grabaciones y las notas de su hijo, que usted trajo, no saldrán al aire.

—¿No saldrán al aire? Imagino que me podrá decir el por qué.

Alicia Suárez levantó del piso la misma caja que había traído Mercedes y se la devolvió poniéndola en el escritorio. Ya su tono adquiría una delicadeza que parecía al de un médico a punto de anunciar a su paciente una enfermedad crónica.

—Aquí la tiene a su disposición. Todo lo que nos trajo, pero permítame llevarla a la sala de post—producción y así entenderá el por qué —dijo.

Llegaron, subiendo un piso por las escaleras y en absoluto silencio, a una sala angosta pero larga, con diversas pantallas de televisión y consolas con innumerables botones y varias ranuras para discos compactos, donde varios operarios editaban reportajes del noticiero, entrevistas de la misma Alicia Suárez, y un programa de cocina, cada quien pendiente de su labor y enchaquetado por el frío perturbador del aire acondicionado. En un extremo se sentaron juntas ante una pantalla y Alicia Suárez introdujo el CD que iban a destinar al archivo y que ya tenía grabado el contenido del original. Advirtió el asombro de Mercedes, quien nunca había realizado tal recorrido por un canal de televisión y mucho menos contemplado la tecnología utilizada dentro.

—Como ya se está dando cuenta, señora Martínez, la grabación que según usted, hizo su hijo, no contiene nada impresionante o asombroso, salvo la belleza misma del cielo de aquellas noches. Al principio se notan dos luces por unos pocos segundos, pero luego no sale nada más que el cielo nocturno sin ningún feómeno —dijo Alicia Suárez con profunda medida de sus palabras. No quería herir la susceptibilidad de la visitante—. La mayoría de las notas que dejó en el cuaderno están "apoyadas" por las imágenes que supuestamente deberían verse en la grabación. Supongo que usted no revisó este contenido antes de entregárnoslo, ¿cierto?

—Cierto —reconoció Mercedes—. Apenas lo recibí de mi hijo me dirigí de inmediato hasta aquí. De hecho, lo traje durante la misma mañana.

—¿Qué le ha comentado su hijo sobre esto? Se lo digo porque es posible que nos haya tomado el pelo a todos y nos haya hecho dedicarle tiempo, que a veces no nos sobra en este trabajo, a algo que no contiene nada digno de ser transmitido en mi programa, ¿comprende?

Qué vergüenza, pensó Mercedes de una vez. Extravió la mirada entre las pantallas a su alrededor haciendo un esfuerzo interior por no admitir que Humberto ya les había gastado una sutil y bien planeada broma antes de irse. No pudo sino fingir un semblante solidario hacia la seriedad profesional de Alicia Suárez con una sonrisita de nervios, propio de ella en momentos embarazosos.

—Entrevisté a su hijo meses atrás por un suceso de otras luces que él dijo haber visto desde La Colina junto a otro testigo —dijo Alicia Suárez—. Sus descripciones tan detalladas y su tono tan convincente nos hicieron creerle. Ahora dígame usted si acaso no tengo motivos para cuestionar o dudar de la veracidad de ese testimonio.

—Comprendo que dude. Humberto tendrá que darme la cara por esta burla. Ustedes no se merecen tal desconsideración. Les ofrezco mis disculpas.

—A donde quiero llegar no es a que usted castigue a su hijo o le haga admitir su mala fe sino algo más profundo. No es la primera vez que esta situación nos ocurre en el programa. No quiero andar con tantos rodeos: es probable que su hijo, más que mostrar pruebas contundentes de un avistamiento, nos haya querido decir que quiere creer.

—No entiendo.

—Que tiene fe en la existencia de extraterrestres, que quiere que miremos al cielo, que ellos, dando por cierto que existen, nos dan señales de existencia desde el cielo cada vez que se dejan ver por los humanos, o también es probable, y discúlpeme si le ofende mi franqueza, que su hijo haya padecido de alucinaciones.

—Mi hijo loco. Eso es lo que usted concluye de todo esto, ¿verdad? —levantó la voz Mercedes—. Pues sí ha ofendido a Humberto. Esto es una broma de un chico creativo, nada más.

—Señora Martínez, le repito que no es la primera vez que nos pasa. Mi intención no es ofender a su hijo —dijo Alicia Suárez, y sacó de un bolsillo de su chaqueta y anotó unos nombres y direcciones—. Estos son tres casos anteriores idénticos al de su hijo: recibimos de gente joven casetes con grabaciones y papeles con anotaciones y al corroborarlos, no tenían nada para sacarlo al aire. ¿Sabe cuál ha sido el destino de estos tres jóvenes? Actualmente dos de ellos están recluidos por sus familias en la Unidad Psiquiátrica del Seguro Social, en Sebucán. Averigüe si tienen algo en común con Humberto, y sinceramente espero que no tenga que lamentar nada con respecto a él, pero por eso le dije que debía tratarse el tema con seriedad. ¿Y si su hijo sufriera un trastorno mental, por leve que fuera, que le produjera haber creído ver las imágenes que creyó haber grabado? Usted estaría interesada en confirmarlo o descartarlo, supongo. Sin embargo, el hecho de haber visto alucinaciones no tiene que significar que su hijo amerite estar recluido por demencia, como en estos tres casos.

De ahí en adelante Mercedes no vivió para otro asunto que no fuese averiguar si Humberto podía estar padeciendo un trastorno mental que justificara su fijación por los extraterrestres, las revelaciones que supuestamente había recibido de ellos, y su asiduidad a La Colina. Ni siquiera se despidió de Alicia Suárez aquella tarde, solamente apretó en sus manos el papel con los nombres y las direcciones escritas y se juró llegar hasta aquellos desconocidos y comprobar que estaban orates. Pero sentía que necesitaba un apoyo, no podría sostener sola la mentira del viaje de Humberto o de los compañeros con quienes estudiaba todos los fines de semana, se lo confesaría a sus hermanas, ellas, las de estómago y ovarios resistentes a cualquier evento aciago, a cualquier verdad deprimente. Le bastaron unos minutos de sollozos para que por fin Criseida y Antera se enteraran de la farsa insufrible. Ambas se tomaron la cabeza con las manos y enmudecieron por pocos segundos pero no llegaron al extremo de llorar o de perder el razonamiento, como ya lucía Mercedes. Leyeron la carta de Humberto, que ya era casi ilegible en algunas líneas debido a tantos dobleces de Mercedes, y descartaron la posibilidad de un secuestro o de un suicidio, pues razonaron que para matarse su sobrino bien pudo haberlo hecho en su propia habitación. También quedó fuera de lugar interponer alguna denuncia por secuestro. De una vez dijeron que debían seguir esperando aunque ya Mercedes estaba al borde de un ataque de nervios. Le prometieron ir con ella a visitar a los jóvenes señalados por Alicia Suárez en el papelito. Criseida quiso confesar a su desesperada hermana que Humberto en verdad tenía en su cámara imágenes del cielo de noche sin nada anormal que resaltara, que una noche tras despedir de la casa a Arístides y sus Hermanos Mayores se lo comentó pero él no le prestó atención. En algún momento ella recordó haber visto otra grabación en que su sobrino sí había logrado captar luces, cuando fueron juntos al cine y que guardaba con celo la filmación, pero tras el temor de Mercedes de sospechar un desequilibrio mental de su hijo, le pareció que quizás no se trataba de un malentendido. Prefirió callar en vez de alarmar sobremanera a la envejecida Mercedes, que iba perdiendo todo el progreso ganado tras la sanación del cáncer y volvía a lucir enferma.

—Está bien, te guardaremos el secreto hasta donde se pueda —enfatizó Criseida—. Pero pasarás la noche aquí. De hecho, Antera y yo iremos al manicomio y tú irás en calidad de acompañante. Como te encuentras ahora no creo que estés como para interrogar a nadie.

—No digas manicomio sino hospital psiquiátrico —corrigió Mercedes—. ¿Y si Humberto en verdad está enfermo y debería ser internado en un sitio de esos? No quisiera que la gente dijera: "Humberto, el hijo loco de Mercedes, está encerrado en un manicomio". ¿Les gustaría escuchar eso?

—Deja de ser fatalista, mujer, y descansa sin pensar en nada — respondió Antera—. Te voy a preparar un té de valeriana.

A la mañana siguiente, despertaron temprano, se asearon sin distracciones (Criseida y Antera hicieron un trabajo loable maquillando, peinando y hasta colocándole a Mercedes una faja que resaltaba su silueta y la embellecía como hacía semanas que no se veía hasta rejuvenecerla algunos años) y desayunaron frugalmente para luego trasladarse hasta la calle Acueducto del sector Sebucán y dar con el hospital psiquiátrico. Era un edificio descuidado, con la fachada curtida y la acera de enfrente sucia de diversas inmundicias callejeras (envoltorios de golosinas, bolsas rotas de basuras mordisqueadas por perros de nadie, grasa conjunta de muchos vehículos estacionados), funcionando en una zona pródiga en hurtos de automóviles y asaltos a mano armada a cualquier hora del día. A punto de entrar por el umbral de un portón largo y oxidado que una vez estuvo pintado por entero de celeste, Mercedes estuvo a punto de pedir a sus hermanas que se devolviesen (la aterraba pensar que los pacientes tuvieran similitudes con Humberto) y casi recibe de Criseida una cachetada como contesta. Ya comprobaba de cerca el asco que le producía la perenne política de salud pública y la costumbre social que aislaba a los enfermos mentales relegándolos a un olvido casi hermético y a prejuicios de incurabilidad y peligrosidad que les daba la reputación de bestias incontrolables. Suspiró de miedo y lástima por cada orate menospreciado del mundo. Ante el agente de seguridad se anunciaron como personal de una fundación sin fines de lucro avocada a la investigación de trastornos mentales mostrando credenciales falsas que Antera elaboró la noche anterior con un programa de computadora, una impresora de excelente calidad y un plastificado de pocos minutos atrás pagado en un negocio a pocas calles. La recepcionista las condujo hasta el despacho del director y éste se hizo esperar al extremo de provocar impaciencia y quejas susurradas entre ellas, pero se presentó sonriente, recién rasurado y perfumado con loción *after shave*. Era un hombre alto, con incipientes canas en las sienes, aparentemente al final de sus cuarentas. "Doctor Montenegro, a sus órdenes", se le escuchó decir con amabilidad. La blancura de su bata no presentaba ni una mácula. A Criseida le pareció un galán de telenovelas equivocado de profesión. La conversación fue concisa, sin rodeos, y de una vez las visitantes expusieron su plan de entablar entrevistas con dos de los pacientes de la institución previo visto bueno de la directiva.

—Pues, señoras, cuenten con toda la colaboración nuestra —dijo el doctor Montenegro—. Estamos halagados por su presencia aquí. Para ser sincero, nos emocionamos mucho cuando recibimos visitas, y más aún si son señoras tan elegantes como ustedes, pues ni siquiera los familiares de los pacientes vienen a menudo. Muchos de nuestros enfermos están en un lamentable estado de abandono por parte de sus seres queridos.

—Un millón de gracias, doctor —por fin habló Mercedes.

—De nada. Una pregunta: ¿por qué han solicitado entrevistar a específicamente a estos dos pacientes? —dijo el doctor, y miró a Mercedes sostenidamente. Advirtió complacido su atractivo porte, una belleza añejada de estrés y angustias recientes, pero igualmente cautivante para otro cuarentón como el propio Montenegro.

—Por petición especial de los familiares —dijo Criseida.

En el patio trasero los pacientes disfrutaban de una merienda al aire libre a base de frutas bajo las sombras de los frondosos caimitos repartidos por toda su anchura. Vestían de pantalón celeste y franela del mismo color, zapatos deportivos blancos, de modo que desde lejos no era fácil distinguirlos de los enfermeros, que tenían el mismo atuendo pero de tonalidad más blancuzca. El doctor Montenegro les señaló con el dedo quienes eran los pacientes que ellas buscaban y junto a un par de enfermeras se adelantó para explicarles que serían entrevistados por unas señoras que buscaban información y que enviarían sus saludos a sus familiares. A quien ellas se acercaron primero fue a una chica, que según su historial médico se llamaba Violeta Arias, tenía veintidós años y estaba recluida desde hacía casi cuatro meses. Era blanca, de cabello lacio negro, dientes desordenados, de estatura baja y acostumbrada a bramar sus ocurrencias: le costaba decir algo en voz baja. Se sentaron en un rincón de aquel rectángulo a la intemperie. Nunca se mostró agresiva ni reacia para hablar. Su genio risueño tranquilizó a las visitantes, predispuestas a presenciar un ataque de gritos en cualquier momento. Antera fue quien más logró sacarle respuestas. Al confesar la historia de su vida no parecía tener rasgos de demencia, su locuacidad y coherencia al narrar bien podían ser las de cualquier persona de la calle. Un enfermero llegó de repente trayéndole unas pastillas y un vaso de agua: su dosis de clozapina. Entonces inhaló el aire fresco del patio y de un tirón contó, como si de otra persona se tratase, sin que nadie la interrumpiera:

— Era miembro de un grupo de fanáticos interesados en los hermanos del espacio. Íbamos a La Colina para esperar el ansiado encuentro cercano, previamente recibíamos instrucciones para estar preparados en el instante sagrado. También hacíamos oraciones silenciosas. Nuestra presencia allí era resguardada por oficiales de la Guardia Nacional, y en verdad no sé quién movía sus influencias para que no fuésemos boicoteados, por lo que la importancia que me transmitía el grupo mantenía mi esperanza de verlos, a "ellos", ya saben a quienes me refiero. Me llevaba mi cámara escondida en mi cartera para filmar lo que pudiera. Estaba prohibido cualquier método de grabación porque, según nuestro líder, no debíamos fomentar el tono sensacionalista y amarillista que manchaba la credibilidad de la secta. De hecho, la expresión "ovni" a le parecía despectiva a muchos miembros del grupo.

De pronto la narración se desvirtuó, y los datos y fechas eran enrevesados, sin aparente coherencia hasta que hizo silencio, sintiéndose avergonzada. Se sentó en el piso a esconder su cabeza entre las piernas. Entonces Mercedes hubo de leer el resto del historial médico para conocer el resto. Debió llegar un momento en que solamente había palabras y Violeta aún no experimentaba pruebas físicas que anunciaran el encuentro cercano o por lo menos un avistamiento desde La Colina. A falta de pruebas empezó a elaborarlas en su cabeza dando como ciertas situaciones que no podían demostrarse en el mundo exterior. A su novio le dijo que cuando tuvieran sexo usaran condón. Ella había dejado de tomar sus pastillas anticonceptivas por si "ellos" (ya Mercedes sabía a quienes se refería) decidían abducirla y embarazarla. El novio lo confesó a su suegra, terminó con Violeta, y desapareció de su vida. Fue internada por su madre (divorciada tres años antes con traumáticas secuelas en la familia) cuando su hija mostraba tal fijación en el tema de los extraterrestres que le impedía concentrarse para cualquier cosa que requiriera su atención, olvidó su cumpleaños, la noción del dinero y descuidó su aseo personal. Su diagnóstico indubitable fue el de esquizofrenia, causada, entre otras condiciones por padecer del síndrome de estrés postraumático causado por la influencia del divorcio de sus padres y de la muerte de un hermano menor dos años atrás.

El segundo paciente, otro esquizofrénico, tenía por nombre Gustavo Salas. Tenía veintiún años y durante los últimos dos meses no conocía otro hogar que aquella institución: tez morena, cabello crespo marrón, muchos barros en el rostro labios resecos, flaco, de pómulos marcados. Su fisonomía lo distinguía de los otros pacientes. Cuando le dijeron que venían a visitarlo vomitó la manzana de la merienda pero se sintió bien. Sin embargo, consideró que aquellas visitantes eran otras de tantas escépticas que no creerían su historia, así que respondió con monosílabos, actitud insondable, y cara de mal humor. Su historial médico revelaba que había consumido drogas (primordialmente cocaína y LSD) y que se tornó violento y con delirio de persecución desde que empezó a comentarle a su familia que había logrado filmar su abducción por extraterrestres mientras estaba solo en La Colina. Agredió físicamente varias veces a su padre (mordidas en el brazo, empujones contra la pared) cuando recibía regaños por su conducta de loco, y hasta estuvo a punto de matarlo ahorcándolo cuando creyó que el teléfono móvil de su padre impedía la recepción de la señal telepática que, según Gustavo, recibía de los sus "amigos del cosmos". Cuando Mercedes leyó esa expresión en el informe, palideció sólo de imaginar a Humberto uniformado como un paciente más.

—De algo sí estoy seguro —aseveró Gustavo para finalizar la conversación, mientras con una mano en el bolsillo se tocaba las pastillas que fingió beberse y que guardaba para arrojarlas por el inodoro—. No estoy loco porque sé que aquí dentro "ellos" me protegen y me preparan para el viaje. He decidido simular que estoy enfermo para pasar desapercibido entre estos chiflados. De hecho, "ellos" tienen infiltrados entre los pacientes y enfermeros: lo tienen todo calculado. Guárdenme ese secreto, por favor.

Cuando hubo finalizado la entrevista, el doctor Montenegro, que vigilaba a prudente distancia la interacción del paciente con las visitantes, llegó al encuentro de Mercedes por ser quien más se notaba impresionada de las respuestas. En mitad del patio, el resto de los internos vivía en su propio mundo y los enfermeros conversaban entre ellos, Criseida y Antera se tomaban un café en el comedor acompañados de un par de doctores que las trataban con excesiva cortesía, y Mercedes se apartó a un rincón sombreado para desbordar en preguntas hacia el psiquiatra, al borde del llanto.

—En verdad, señora Martínez, noto un interés especial suyo por indagar sobre la esquizofrenia —se sinceró el doctor Montenegro, y agregó sin ser tan directo—. Siéntase en confianza de hacerme cualquier comentario.

—Pues, no me lo guardaré más: creo que mi hijo, de diecisiete años, padece de esquizofrenia.

—Lo que acaba de decirme no es un juego. Las cosas que hacen los adolescentes bien pueden parecer locuras a veces, pero otra cosa es sospechar esquizofrenia. ¿Sabe usted lo que significa?

Mercedes se encogió de hombros y su semblante, de repente, reflejó desespero, ignorancia y pedido de ayuda.

—No quisiera aburrirla con la jerga médica, así que seré explícito y lo más digerible que pueda en mi explicación. La esquizofrenia es una especie de trastorno, de alteración en la manera de trabajar de la psiquis. La característica orgánica más notable es la insuficiencia de endorfina y dopamina. Yo apoyo a Bleuler en su afirmación de que es simplemente un problema de integración de procesos psíquicos, como memoria, razonamiento, percepción. De todas maneras, aún la comunidad médica mundial no termina de definir y delimitar la descripción de la esquizofrenia porque al diagnosticarse no suele haber mucha consistencia entre dos o más médicos y porque la apreciación, por supuesto, es meramente subjetiva. Tiende a confundirse con otros trastornos. De hecho, no ha faltado quien haya planteado la pertinencia de dejarla de calificar como enfermedad.

—Pero, doctor, no me ha dicho nada que me interese. ¿Cómo podría reconocer que mi hijo la padece?

—Alucinaciones, es decir, percibir, sensaciones que no existen en nuestra realidad. ¿Su hijo ha manifestado ver o escuchar cosas que nadie más puede probar que las vio o las apreció por cualquiera de los cinco sentidos?

Entonces en la cabeza de Mercedes rodó la película de los cabos sueltos que empezaban a atarse, los supuestos desdoblamientos, las voces que llamaban a su hijo en la vigilia del sueño, las filmaciones del firmamento que no tenían luces asombrosas ni platillos voladores, toda una serie de cuentos que nadie más podía corroborar sino él mismo. ¿Y si María Eufrasia, imbuida por la fiebre de los extraterrestres contagiada por Humberto, se había creído el cuento de la señora Milena sobre los visitantes inmateriales, los espíritus invisibles que solamente ella dijo haber visto en cuerpo astral? Pudieron haberme engañado sólo para no darme la razón, pensó.

—Sí, doctor —respondió tras pocos segundos—. Y siempre mostró una fijación con los extraterrestres que ni su tía santera ni sus estudios universitarios lograron sacarle de la mente. Siempre ha dado por hecho que ellos existen. Discutí mucho con él a causa del tema.

—Delirios, señora Martínez: otro síntoma de la esquizofrenia de tipo paranoide. O sea, creencias, dogmas, condicionamientos que su hijo tiene como ciertos y válidos pero cuya existencia no se ha comprobado en realidad. Suele manifestarse como obsesión por determinado tema, como la existencia de extraterrestres. Los casos de

Violeta y Gustavo, los jóvenes que ustedes entrevistaron, son ejemplo de tal síntoma. ¿Su hijo ha presentado recientemente, aplanamiento afectivo, *avolición*?

—¿Qué significa eso?

—Discúlpeme, mi intención no es impresionarla. Quise decir que si el chico tiene dificultad para expresar sus sentimientos hacia usted o demás seres queridos, si acaso no tiene respuesta emocional al extremo de hacerlo medio huraño y poco sociable

—Él siempre ha sido reservado y poco efusivo, pero no lo había notado como una disfunción. Tiene pocos amigos, pero los tiene.

—¿Sabe usted si ha tenido novia?

— No, que yo sepa. ¿Y cuál fue la otra palabra que mencionó?

—Avolición, no abolición, es decir, ausencia o disminución de la motivación, o de la voluntad para dedicarse a actividades habituales.

—Hace unos días descubrí que mi hijo ya no estaba interesado en la universidad ni en jugar sus partidas de fútbol los fines de semana y hasta comía fuera de horas. ¡Ay, doctor, me está asustando!

—No se alarme, por favor. Si el asunto es así de serio como lo percibo estoy a su entera disposición para ayudarlo. Tráigalo al hospital tan pronto pueda. Pero sobre todo, ¿está usted segura de todo cuanto acaba de decirme?

—Segurísima como de mi propio nombre.

—Escúcheme bien, las estrategias del tratamiento se han innovado tanto que el aislamiento ya no es necesario en muchos casos, el apoyo de los familiares es importantísimo, los fármacos atípicos son de eficaz aporte a pesar de los efectos secundarios. En caso de que su hijo sea diagnosticado de esquizofrenia no tiene por qué significar que se le considere inhábil para tener una buena vida. ¿Ha visto usted la película *Una mente brillante*, con Russel Crowe?

—No. Yo casi no tengo tiempo de ir al cine.

—No está en cartelera, señora, fue estrenada hace cinco años. Puede conseguirla en DVD o en algún canal por cable. Le sugiero que la vea, y la disfrute, si no le parece un chiste de mal gusto. Me parece excelente. Se mereció su Oscar a Mejor Película, aunque también me gustó la primera parte de *El Señor de los Anillos*. Cuenta la historia de John Forbes Nash, premio Nobel de Economía en 1994, un brillante matemático esquizofrénico que logró cierto estado de recuperación de sus alucinaciones. Aún vive junto a su esposa, que lo apoyó a pesar de sufrir mucho. Actualmente son un par de pacíficos ancianos que se sobrepusieron a su drama.

Entonces a la salida del hospital, Mercedes se hizo acompañar de sus hermanas a una venta de películas piratas en DVD, en Sabana Grande, el dependiente encontró la película de inmediato y de regreso, ya estaban las tres ante el televisor de la sala para ver el filme recomendado por el psiquiatra. La banda sonora que precedía a la primera escena les hizo presentir que estaban por ver una obra memorable. A Mercedes le impresionó cómo predominaban los tonos ocres durante los primeros minutos, el carácter esquivo del personaje de Russel Crowe (la actuación le pareció digna de ser premiada), la convincente seriedad de Ed Harris y el enternecedor papel de alumna—esposa—enfermera de Jeniffer Connelly. Cuando en una conferencia de matemáticas John Nash, ya casado y ocupado en una asignación confidencial del gobierno en la que debía descifrar comunicaciones rusas codificadas en textos de periódicos y revistas, es apresado tras una fuga infructuosa, ya a Mercedes se le había olvidado el argumento adelantado por Montenegro: en verdad creyó que los espías rusos se lo llevaban, hasta que cayó en cuenta de que el compañero de campus de Nash y su sobrina, el agente secreto que lo contrató para descifrar códigos rusos en revistas y periódicos, y la conspiración de éstos últimos para provocar bajas civiles en Norteamérica solamente existían en la mente del matemático. Fue cuando la película se tornó tocante para Mercedes al extremo de tener que retener las lágrimas para que Criseida y Antera no volvieran consolarla en vano. Uno de los momentos que más la estremeció fue la escena en la cual el personaje de Jennifer Connelly, tras un incidente peligroso en el que volvieron las alucinaciones de su esposo por no tomar sus pastillas y puso en riesgo la vida de su hijo, le da un voto de confianza entre sollozos. *"I need to believe that something extraordinary is possible*", dijo con el corazón en la mano, refiriéndose a la disposición de su esposo para encontrar alivio para su padecimiento. Mercedes se moría por tener una conversación idéntica con Humberto. La adaptación del protagonista a la vida social de Princeton como profesor y el corto discurso del final, cuando recibe el premio Nobel, cerró con broche de oro un par de horas de intensas emociones con un final feliz que alimentaba su esperanza de ver de regreso a un Humberto dispuesto a someterse a tratamiento médico y a insertarse en la sociedad como cualquier otro chico con un futuro prometedor.

Mientras Antera sacaba el disco para devolverlo a su estuche de guarda, Mercedes oyó el repique de su celular y atendió desconociendo el número que llamaba. Era Augusto Rey. Su voz transmitía exaltación.

—Señora Mercedes, buenas noches, disculpe si soy inoportuno, pero quiero contarle y mostrarle algo importantísimo. Usted no está en su casa, ¿verdad?

—No, hijo, estás hablando muy rápido. ¿Sobre qué quieres contarme?

—Tiene que ver con Humberto, o eso creo.

En el vientre de Mercedes se produjo una sensación de gélido desbordamiento, una premonición de buenas noticias que no la hizo dudar de darle a su vecino la dirección exacta de donde estaba haciéndole prometer que llegaría en pocos minutos. Por lo menos tuvo tiempo de darse un baño reparador con agua tibia y de ponerse ropa más cómoda, aún sentía el frío de la improvisada sala de cine en el apartamento, que le había penetrado hasta los tuétanos. Augusto tardó sólo veinte minutos en aparecerse en la puerta de la calle tocando el intercomunicador. Ni siquiera había terminado de cruzar el umbral de la puerta para entrar en el apartamento cuando ya Mercedes le había lanzado la pregunta que le quemaba las entrañas.

—¿Lo has visto?

—Déjeme explicarle lo que sé.

Tras los saludos cordiales el repentino visitante aceptó un vaso de agua fría y tomó asiento en un sofá de la sala para revelar su información. Los semblantes expectantes de las tres mujeres intrigadas enseriaron el ambiente. Augusto creyó más prudente hablar a solas con Mercedes, pero ésta miró a sus hermanas y le hizo al chico un gesto sencillo para que se sintiera en confianza de hablar. En verdad ella quería tener un apoyo al cual recurrir de inmediato en caso de una noticia nefasta.

Según Augusto Rey, entre los vecinos más cercanos a La Colina corría un rumor que servía para asustar a los niños que no querían comer diciéndoles que los llevarían a donde el loco, un comentario anecdótico que condimentaba reuniones de viejas chismosas y comidas en familia cuando ya no tenían otro tema para conversar. Se trataba del chico peludo y en harapos que se decía permanecía todo el tiempo escondido entre la maleza en posición de evidente meditación y con los ojos cerrados. Nadie de quienes se le acercaban podía dar fe verlo caminar, abrir los ojos, comer, hacer alguna necesidad fisiológica, ni siquiera un gesto distinto al del semblante inexpresivo, quizás sereno. Lo suponían un adolescente por su contextura flaca y su barba fina, de mozuelo. Sin embargo, las uñas y greñas sucias y largas y el tufo de podredumbre que emanaba su cuerpo podían ser las de un adulto cualquiera. De vez en cuando, se veían cerca del meditabundo a cuatro chicos, vestidos como cualquier joven decente, fungiendo como centinelas que lo custodiaban. Alguien los había fotografiado a varios metros de distancia, pues nadie se atrevía a interrumpir el aparente estado de relajación y abstracción del chico andrajoso. El fotógrafo le enseñó a Augusto las cuatro fotografías que tomó (sin saber que éste conocía a Humberto) y éste palideció al creer reconocer al protagonista del rumor, porque aunque ignoraba que su vecino estaba desaparecido y no conocía a los custodios de las fotografías (nadie sabía si eran espontáneos o no), los rasgos de aquel supuesto loco de cerro coincidían con los de Humberto, a quien Augusto lo hacía de viaje, según le había anunciado Mercedes días atrás. Entonces sacó las fotos de su bolsillo, recién reveladas. Se las extendió a Mercedes. Fue cuando se instaló un silencio de urna enterrada, se detuvo el tiempo sin respiración mientras ella no reaccionó, como si la certeza o falsedad de la historia recién contada dependiera de su juicio.

—No se me parece tanto como para afirmar que sea Humberto —dijo por fin.

Las fotografías pasaron de mano en mano hasta que la opinión general fue que por las características de nitidez de la cámara, la distancia, los ángulos y la iluminación escasa, había tantos indicios de que fuese Humberto como de que no. Augusto sacó de otro bolsillo una lupa para que repararan en los custodios, y Mercedes suspiró de asombro. No pudo ocultar la indignación de quien se reconoce como el único en no conocer un secreto sabido por los demás. Reconoció sin dudas que dos de los jovenzuelos que velaban por el meditador astroso eran Elmer y Eduardo. ¿Y si en verdad aquel es Humberto y esos dos son alcahuetes que prefieren secundarle su delirio en vez de notificar a su madre que corre peligro en la montaña?, pensó. Yo los conozco, fue lo único que le oyeron decir antes de pararse, decir buenas noches a Augusto y encerrarse en un cuarto sin mirar a nadie. Un instante después escucharon un grito encerrado, desgañitado y extenso, como de torturado.

—Creo que mejor me voy —dijo Augusto con notoria incomodidad a Criseida y Antera, y alzó la voz en dirección a los cuartos—. Y discúlpeme, señora Mercedes, si la he hecho sentir mal. No era mi intención.

Mercedes pretendió mentirse a sí misma en aquel momento. Al repasar en su mente la primera de la fotos la descarga de adrenalina pareció embeberla por dentro llenándola de alegría por confirmar que su hijo estaba vivo: aquellas eran sus mejillas, aquel su mentón filoso como un codo, el grosor de su cuello que sólo podía ser el heredado de su padre, las clavículas acentuadas. Pero en los segundos siguientes cayó en cuenta que esa manera de volver a saber de él confirmaba la sospecha de la esquizofrenia insinuada por Alicia Suárez. ¿Y si Humberto cree haber viajado con los Hermanos Mayores cuando en verdad está pensando en ello aislado en La Colina?, pensaba. De encontrarse en la calle con Elmer y Eduardo los estrangularía con sus propias manos. No les perdonaría jamás la complicidad ni el papel que actuaron ante ella cuando visitaron su casa días atrás. No dejaba de preguntarse por Arístides, Martín, Lucio y Daniel, y si acaso se harían responsables, darían la cara y aceptarían la culpa de ayudar a enloquecer a Humberto. Hubiera preferido el menoscabo de saberse equivocada, a su hijo humildemente ufano demostrando que los extraterrestres existían y no la prueba visual de que estaba chiflado, porque si no era él quien aparecía en las fotos era alguien tan parecido que daba pocas razones para dudar.

En ese ensimismamiento pasó Mercedes un silente ayuno de un día y medio hasta que Criseida y Antera la acompañaron a su casa, tras una breve llovizna, para que prendiera las luces de afuera y algunas del interior, recibir la correspondencia de los bancos que dejaban estados de cuentas y regar el césped y las plantas de las macetas. La casa estaba deshabitada desde el miércoles. Sin embargo, tras esas tareas se devolvería con una maleta cargada de ropa al apartamento de sus hermanas por los días que restaban de su permiso no remunerado. A media tarde de aquel domingo inolvidable se tomaron un descanso para devorarse una merienda de galletas con mermelada de fresa en el porche, y de pronto escucharon el ruido propio del picaporte del portón corredizo de la calle cuando estaba a punto de abrirse. Ese ritmo para hacer sonar cada parte del portón, esa preferencia de entrar por allí y no por la puerta principal eran señales inequívocas para una Mercedes que en cada segundo del día y en cada inhalación de aire creía en la cercanía del reencuentro con él, ese aquel que estaba haciendo una abertura para que entrara sólo un cuerpo, no fornido ni delgado como ese que acaparaba sus pensamientos, cuya ausencia y presencia determinaban la vida de ella, y que ahora cerraba el portón ya estando adentro, no tan ajeno al estupor de las señoras sentadas que ni en sus fantasías pudieron haber soñado con aquel instante en el que lo veían acercarse con pasos lentos y seguros, vestido de manto blanco y sandalias de cuero como los senadores la antigua Roma, con el cabello corto, las uñas arregladas y rasurado el menudo bozo que lucía la última vez que fue visto en aquella casa. Ninguna de ellas recordaría con seguridad si el viento dejó de soplar o si los segunderos de sus relojes siguieron marchando pero el trance les pareció eterno y lo único que ocurrió en el mundo mientras lo vivieron. Sonrió desde que entró y percibió el olor a hierba mojada del jardín pero sus ojos se iluminaron aún más y su rostro reflejó una alegría sabia y esperada cuando se vio abrazado por las tres mujeres que corrieron de sus asientos para asirse a la imagen y comprobar con el tacto que no se trataba de un sueño. Los gritos incontenibles de júbilo llegaron a oídos de los vecinos, las risas y saltos parecían los de niños enardecidos en una fiesta de cumpleaños y las lágrimas de Mercedes ya no eran de pavor a la soledad ni de nostalgia por la maternidad sin hijo, había llegado el fin de su zozobra. Ni en la parábola del hijo pródigo hubo un recibimiento con más cariño, diría él. Asomado desde el ventanal de su habitación y fumándose un cigarrillo, Augusto Rey veía la escena extrañado, como el incrédulo que presencia un milagro. ¿Por qué veo a la madre y las tías de Humberto tan alegres al verlo llegar si él supuestamente no era el andrajoso que medita en La Colina, si se pasa los fines de semana estudiando en casa de un compañero de la universidad?, pensó, suspicaz.

Ya dentro de la casa, cuando la euforia decreció y pudieron entablar una conversación que no fuera interrumpida por el llanto alegre de nadie, Humberto primero que nada dijo que tenía hambre y que si había frutas para merendar. En la nevera no había nada listo para servir. Las mujeres se encogieron de hombros prometiendo ir al supermercado y abastecer la alacena. Les impresionó la manera de hablar de Humberto, un acento neutro y con una dicción y dominio verbal más depurada y rica que la que él ya tenía antes de desaparecer (que por sí sola ya era admirable para su edad), y la gesticulación comedida que hacía pensar que era ensayada. Y de inmediato empezaron las preguntas, dónde estuvo, quiénes lo acompañaban, qué hizo, cómo y por qué decidió regresar en aquel momento y no antes o después. Él sonreía demasiado en comparación con los estresados días previos a su partida, y demostró que parecía no quedar huella del Humberto emocionalmente voluble cuya ansiedad le impedía el equilibrio que irradiaba con solamente verlo. Aquella vez fue parco al contestar, como los secuestrados con síndrome de Estocolmo que no vilipendian a sus captores, y se limitó a decir generalidades, que se sintió de maravilla, con la lucidez afinada y la conciencia sensible para aprehender lecciones que traía para aplicarlas a la vida diaria y les adelantó que ellas serían las primeras privilegiadas en conocer, directamente de él, el saber de sus maestros. Mencionó que nunca se sintió solo aunque no siempre vio a sus acompañantes y las bellezas del espacio que pudo contemplar (estrellas, lunas, polvo sideral, meteoritos danzando sin rumbo fijo) no eran sino el preludio de la demostración del poder sin barreras que tiene la mente humana. Habló de viajes astrales, del karma y hasta de planes a largo plazo para el planeta elaborados por las amorosas jerarquías de las otras dimensiones (ahora Humberto entendía a qué se refería cuando en el pasado hablaba del "más allá") que dejaban claro que las catástrofes de la Tierra, desde los terremotos hasta las guerras, anunciaban el comienzo de un ciclo glorioso de desarrollo para el bien de la evolución humana y su acercamiento a la iluminación. Él se había ofrecido ante los Hermanos Mayores para aportar su energía y fe en la preparación para esa Era Esplendorosa, la plenitud del ser humano maduro. La mayoría del tiempo Humberto no apuntaba los ojos a su madre ni a sus tías al hablar, llevaba la mirada hacia un punto cualquiera sobre su cabeza, o la dirigía de un lado a otro, como si hablara en una sala de teatro repleta de oyentes. Mercedes era la única que seguía cada palabra sin tener una pizca de duda y sin parpadear siquiera. Pero Criseida y Antera, que tras la visita al hospital psiquiátrico consideraron en serio la probabilidad de la esquizofrenia de su sobrino, no se atrevieron a interrumpir al orador que casi ni se dedicaba a respirar mientras revelaba su experiencia, pero lo escrutaron de pies a cabeza y no lograron comprender el por qué de esa manta y esas sandalias de trenzas amarradas en la pantorrilla que lo hacían lucir ridículo en la calle (Criseida con su humor ácido le dijo al entrar a la casa que se parecía a un extra de una película de Jesucristo), ni del cabello rapado, ni de aquellas afirmaciones en el discurso que parecían temerarias, dignas de una camisa de fuerza. Entonces, mientras Mercedes se aferraba a creerse las respuestas de Humberto y a conformarse con esa única versión de la verdad (temerosa de querer razonar y cuestionar cada argumento: aún tenía freso el recuerdo de la película sobre John Nash), sus hermanas lamentaban en silencio que Humberto hubiera regresado peor que como estaba antes de irse, pues si acaso lo contado por Mercedes y la conversación con el doctor Montenegro les hacían albergar sospechas, lo que tenían enfrente bien podía ser un caso más de grave paranoia. Ambas concordaron que el joven harapiento de La Colina que vieron por fotos, distaba mucho del Humberto rasurado y pulcro que seguía hablando hasta por los codos. Aparentemente eran dos personas distintas. Pero no descartaron que Humberto hubiera podido ser el enigmático personaje y luego arreglarse especialmente para la ocasión y así complacer a su incondicional amor y más implacable juez: su madre.

Entonces hubieron de reunirse en privado con Mercedes mientras el recién llegado meditaba apartado bajo la sombra de una mata del patio trasero. La posición clásica de yoga, los ojos cerrados, la cara sin expresiones no hacían pensar sino que Humberto se hallaba abstraído de lo que ocurría a su alrededor, así que procuraron hablar en voz baja pero sin dejar de dirigirle la mirada. Mercedes no sabía si creer en una probable abducción, en un ataque de nervios o en un suicidio repentino de su hijo confiando en que ese "más allá" sería más placentero: había que vigilarlo a cada minuto. Criseida desarrolló un monólogo sobre sus sospechas del desequilibrio mental del muchacho que no recibió objeciones de Mercedes. Los síntomas que el doctor Montenegro sugirió que constataran en Humberto se presentaban exactos como fueron referidos en el hospital psiquiátrico: delirios, alucinaciones, mermada atención en los estudios, poca sociabilidad, cierto trastorno del sueño. Fue con un llantito entrecortado que Mercedes por fin reconoció que no podía soslayar el drama de enfrentarse a los indicios de demencia que ella se había propuesto obviar desde que vio entrar a su hijo por el portón de la calle. Buscó apoyo en el hombro de Antera para romper a llorar como un recién nacido hambriento y recibió el abrazo doble de sus hermanas, que le besaron las mejillas animándola a encarar la situación conminando a Humberto a someterse a la evaluación de varios especialistas que dictaran un diagnóstico certero y definitivo. Mercedes se negó.

—Jamás —bramó rotundamente, frunciendo el ceño—. No quiero verlo encerrado con una camisa de fuerza rodeado de locos todo el tiempo. Prefiero verlo morir primero.

—No te estamos diciendo que lo internes en un manicomio. Comprende, mujer —regañó Antera—. No estamos para ponernos egoístas. Si él está enfermo merece ayuda médica.

—Podríamos llevarlo a donde Los Manos Santas. ¿Qué les parece? Ellos no se negarían a sanarlo. Son sus amigos.

—No confíes ciegamente en curanderos —replicó Criseida—. Aunque sean los mejores amigos del mundo.

Mercedes tragó amarga saliva cuando se percató del fin de la meditación de Humberto. Anochecía despacio y el incipiente viento del sereno anunciaba sus soplos con timidez, como presagiando cambios anhelados. La calma que irradiaba el chico no podía describirse sino con los efectos que causaba en el cuerpo y el alma de quien se acercara a él. Lo circundaba un silencio pacífico de monasterio antiguo que Mercedes nunca había experimentado. Él la vio sentarse en la grama (primera vez que su madre osaba ensuciar un pantalón suyo con lo quisquillosa que era con su ropa), escuchó plácido el crujir de las briznas endebles que la recibían y se dispuso a escuchar sin interrumpirla. Era el momento que ambos esperaban desde hacía semanas: encarar sus verdades. Mercedes hizo un esfuerzo sobrehumano para sostenerle la mirada al chico cuyas pupilas parecían irradiar el calor de un sol, pero que también transmitían ternura y firmeza. Criseida y Antera fueron mudas testigos de la escena asomadas disimuladamente por el ventanal de la cocina que daba al patio, inmóviles para no interrumpir la plática solemne. Se estaban comiendo las uñas y sudaban frío por las sienes, como si de su ejecución en una silla eléctrica se tratara. Ni siquiera recordaron encender las luces de la casa ante el anochecer inminente. Al principio vieron a Mercedes gesticular poco y acariciar la cabeza rapada, poner su mano en el hombro de su hijo y hasta asomar un pañuelo a sus ojos y sus mejillas. Humberto se mantenía impávido, como si posara para un retrato, no asentía ni negaba con la cabeza, no movía ni un músculo de la cara, apenas parpadeaba con la mirada fija en su madre. A la distancia y por la entonación leve de la voz distinguieron unas pocas frases sueltas que les sirvieron de síntesis: "Te amo más que a nada en el mundo y me destrozaría el alma confirmar que eres un enfermo mental", "Debes estar consciente de que tu afición por los extraterrestres podría ser calificada por un médico como paranoia", "¿Por qué te fuiste sin avisar, sin pensar en mi sufrimiento?", "Conozco a un psiquiatra que se ha ofrecido para ayudarnos". Las tías no escucharon con nitidez la revelación sobre las grabaciones estériles que Alicia Suárez le había devuelto, ni del haz de luz blanca que solamente Humberto vio que se llevaba a sus amigos, ni de las entrevistas que Mercedes sostuvo con enfermos mentales que sufrían la misma manía de él. Cuando Humberto por fin comenzaba a responder ya había caído la noche de espeso negro y viento detenido que los absorbió en el patio, y fue cuando escucharon el llamado a coro de las voces inconfundibles de Arístides, Martín, Lucio y Daniel desde el lado exterior del portón. Antera empezaba a voltear para recibirlos pero Criseida la tomó del brazo haciendo un ademán que transmitía el respeto por el íntimo y necesario momento que madre e hijo se dedicaban. Pero más extrañadas notaron que ante los gritos fácilmente perceptibles desde el patio ninguno de los dos salió de entre la oscuridad para abrir la puerta a los visitantes ni les gritó a ellas para que lo hicieran. Dejaron de llamar y de golpear el portón de la calle y retornó el silencio a la casa. De repente escucharon con nitidez, como amplificada directamente hacia sus mentes, que la voz de Humberto dijo: "Madre, reconozco que tu mortificación está justificada en el amor que sientes por mí, y eso no lo olvidaré jamás. Sin embargo, te pido un voto de confianza para demostrarte que lo que ha sucedido durante estos meses ha sido por nuestro bien: mi "viaje" (del que luego te daré detalles), mis visitas a La Colina, mis lecturas sobre "ellos", este cambio superficial e interno que has notado a simple vista. No te imaginas la profundidad de las cosas que ahora sé y que quiero compartir contigo y con el planeta. Ellos me las enseñaron y lo mínimo que deseo es contagiar a todo el mundo de este estado de gozo que siento. Tengo fe en todo lo que he percibido por mis sentidos, y lo que antes me provocaba temor ahora suscita en mí una curiosidad inquietante por conocer qué hay más allá de lo que nos hemos condicionado a observar, y que en resumen, es la manifestación de todo el amor que el universo nos ofrece para aprovechar este plano carnal y las demás moradas que nos ayudan a evolucionar y así ser maestros que ayuden a otros a elevarse para acercarse a Dios. No me tildes de loco, te lo imploro. No me sometas a médicos que no entenderán qué ocurre dentro de mí. No me separes del destino que tengo. No me separes de ti, pues ayudarte a que te sientas feliz es uno de mis anhelos y objetivos inmediatos. Sé mi compañera para que nos apoyemos mutuamente por toda la eternidad. Es lo único que siempre he esperado de ti".

Las tías decidieron no ser más testigos de la conversación y se fueron a la sala para no participar de aquel momento tan personalísimo en el patio. Treinta minutos después los vieron aparecer por fin de buen talante y tomados de la mano, como cuando Humberto era un chiquillo que aún no se atrevía a cruzar las calles solo. Él las abrazó y avisó que se ducharía para refrescarse antes de dormir. Al cerciorarse de que su sobrino se había metido en su cuarto, Criseida preguntó atropellada qué se habían dicho y a cual conclusión habían llegado.

—En verdad estoy impresionada con la labia que ese niño tiene — dijo Mercedes refiriéndose a su hijo—. Así tan tranquilito como se ve te puede convencer de cualquier cosa. ¡Qué maduro se me ha vuelto el muchacho! ¡Qué lucidez tiene para encarar una situación! Hemos pactado, a pesar de su renuencia, que se someterá a un estudio con el doctor Montenegro solamente para que yo corrobore que no padece de ninguna enfermedad mental. Pero puso como condición que fuese en terreno neutral: ni aquí en la casa ni en el hospital psiquiátrico. Coincidió conmigo en lo sospechosas de muchas de sus actitudes y se disculpó por provocarme tanta preocupación pero que, de todas maneras, lo hecho ya estaba hecho y arrepentirse vale poco. Y sobre todo, la convicción sobre su verdad la mantiene intacta, más bien fortalecida por creer que no está desviado del sendero que el Destino le ha escrito.

—Entonces no va para el manicomio —interrumpió Criseida y al segundo siguiente Antera le dio un codazo en el costillar.

—No lo llames así, chica —refunfuñó Mercedes—. No irá. Está empeñado en que está más sano que nunca y yo, hermanas, decidí confiar en su palabra. Les confieso que ese "viaje" al que él se refiere (si es que acaso lo hizo) motivó un cambio que lo he notado enseguida. Supongo que ustedes también.

Sus hermanas asintieron en silencio y la abrazaron felicitándola porque el caso de Humberto empezaba a enfrentarse con la unión de la familia. Se despidieron a pesar del intento disuasivo de Mercedes pero ésta fue convencida de quedarse a solas con Humberto bajo su propio techo, como había sido siempre, y continuar la vida mejorada con la fuerza que les daba el poder de su amor por Humberto y su fe en el descarte del trastorno mental. Se sentó de nuevo en el sofá para suspirar y dar gracias a la vida que le había dado tanto y tomó el control remoto del televisor, aun con los labios estirados figurando una sonrisa, y de inmediato se sintonizó un avance del noticiero local en el cual se empezaba a reseñar el suceso recién descubierto de la numerosa congregación cuasi—religiosa que pregonaba el advenimiento de avanzados seres extraterrestres y promovían vigilias con el fin de lograr el ansiado contacto del tercer tipo. Aquella mañana, como uno de tantos fines de semana en el que las decenas de miembros acudían a sus citas habituales en La Colina debidamente abrigados y con provisiones de comida y bebida, por influencia del líder supremo decidieron inmolar sus cuerpos en "amoroso sacrificio" (así decía textualmente la carta escrita de puño y letra por el líder y hallada junto a su cadáver) para ayudar al planeta desde el plano astral y así interceder por tantas almas que merecían una oportunidad más de redención. Todos los noventa y siete reunidos ingirieron potentes somníferos en altas cantidades mezclados con otras drogas que catalizaron taquicardias fatales, mientras dormían, de las cuales ninguno sobrevivió. Mercedes contuvo el aliento tan pronto el elegante ancla del noticiero anunció con su rostro inexpresivo y acento neutro la lista de los fallecidos entre los cuales se encontraban Elmer y Eduardo, cuyas fotografías aparecieron nítidas en pantalla pues al tener ambos dieciocho años cumplidos ya eran mayores de edad. Y la misma angustia de días previos volvió de repente somatizada en una descarga caliente en el bajo vientre que le erizó los vellos y la puso a sudar de nervios sólo de imaginar para su hijo un destino similar. El doctor Montenegro tiene que ayudarnos, decía en voz baja, el doctor Montenegro tiene que ayudarnos, el doctor Montenegro tiene que ayudarnos, y así llegó casi hasta la medianoche repitiéndose la misma frase caminando a solas por planta baja de la casa, sin atreverse a llamar la atención, hasta que se quedó dormida pendiente de ver de nuevo la noticia reseñada en otro canal en el mismo sofá de la sala, con el televisor encendido enfrente. Mientras tanto, en la repetición del noticiero, la sección deportiva reseñaba la preparación del Barcelona F.C., campeón de la liga española de futbol, con miras a la final de la Liga de Campeones de la UEFA contra el Arsenal de Inglaterra, como lo habían predicho Elmer y Eduardo, a celebrarse en tres días.

En su dormitorio, Humberto se duchó y se acostó en calzoncillos en su cama fría y ancha, como hacía semanas que no la sentía. Lo satisfizo percatarse de que el cuarto no mostraba el más ínfimo rastro de polvo a pesar de que Mercedes le había comentado en el patio que nadie entraba allí como no fuera ella para limpiarlo. Yaciendo con placidez miró el techo, agradecido y satisfecho con su existencia, y en un repaso de todas las cosas que quería emprender, para las cuales se sentía determinado y fortalecido, vio sin dificultad su futuro proyectado en su mente como una película en pantalla gigante: retomaría y finalizaría sus estudios universitarios con calificaciones sobresalientes y acrecentaría la formación intelectual que le daría crédito como orador ante masas para desarrollar la labor de luz que le fue encomendada. Susana y él se acercarían de nuevo, se enamorarían y tendrían un romance de final feliz que disiparía los egos de ambos y los haría llegar a un centro mutuo en el cual regocijarse de amor puro sin dejar de experimentar las peripecias sentimentales comunes en tantas parejas. Retomaría sus partidas callejeras de fútbol los fines de semana, empezaría sus rutinas de entrenamientos en el gimnasio y comería balanceado para gozar el equilibrio de la mente sana y el cuerpo sano. Continuaría meditando. Sería más devoto de Mercedes y tanta armonía eliminaría karma entre ambos para siempre. Se sobrepondría a cualquier consideración psiquiátrica que lo señalara como esquizofrénico. Aprovecharía el chance de la encarnación finita para inspirar a otros, para demostrar al mundo, a sí mismo, al Dios del que nunca renegaba, que podía lograrse todo cuanto se soñara sin envilecer el corazón, sin empañar la conciencia, asumiendo cada día con su propio afán, madurando sin sosiego ni prisa, disfrutando el camino al máximo. Durante los veinticinco días de su desaparición hubo aprendido de los Hermanos Mayores las sencillas y deleitantes maravillas que podían disfrutarse teniendo una vida con elevada conciencia. Sopesó en una alucinación voluntaria el efecto del conocimiento esparcido por toda la Tierra y se extasió con un futuro laborioso de gentes involucradas en la sinergia exquisita de la plenitud. Vio humanos despertando con una sonrisa en los labios en los amaneceres estivales de una nueva era, urbes enteras sin el exceso de estrés que ahora enfermaba la conciencia colectiva, militares que ya no recordarían la peligrosidad de sus misiones de tan remotas que eran, gobernantes benignos a quienes se les iría la vida en componer las imperfecciones del sistema que los había llevado al poder, la abundancia de las especies animales que ahora estaban en extinción, cónyuges que amarían sin dudas a sus parejas, el respeto mayoritario a los derechos del hombre, una espiritualidad impetuosa, una chispa de divinidad siempre despierta en cada ser. Ante aquel promisorio panorama, no le inquietaba el diagnóstico médico que vendría, enfrentaría cualquier contrariedad porque estaba seguro de lo que había sentido, visto y escuchado, y que ahora le pretendían hacer dudar de haberlo percibido en realidad. Se aseguró en la penumbra de su descanso que se convertiría en una inspiración para tantos desesperanzados y para otros que compartirían de inmediato sus convicciones con el tesón de un picapedrero, de un cartero responsable, de una madre amorosa, y que las difundirían infatigables a los cuatro vientos.

A punto de quedarse dormido llegó la fuerza invisible de nuevo, aquella de tantas madrugadas de insomnio, pero ya no quedó inmóvil ni desconcertado, puso atención sin temor cuando lo llamaron por su nombre, como disfrutándolo: Humberto, Humberto, ey, ey. Estaba presto para recibir el mensaje de amor y paz que aseguraba escuchar directo de las sabidurías fraternas del espacio sideral. Junto a la ya encendida lámpara de su mesa de noche, permaneció con papel y pluma en mano, encorvado con la hoja a pocos centímetros de su cara y escribiendo las primeras líneas a una velocidad que coincidía con su acelerado ritmo cardiaco, solo. No se escuchaba la voz de nadie. Imperaba un tupido y continuo silencio en la habitación.

GRATITUD

A Richard Sabogal, editor de Negro sobre Blanco, por invertir
tiempo y fe esta obra.
A Ara López, por el diseño de portada.
A Jorge Rodríguez Manzano y a Blanca Angarita, por su
desinteresado auspicio.
A Virginia Atencio, por su valiosa colaboración al darle a este libro
sus primeros espacios de distribución.

ACERCA DEL AUTOR

Heberto José Borjas (Maracaibo, Venezuela-1981) es abogado, docente, traductor y actor. Reside en Bogotá desde 2010. En 2001 ganó el Concurso "Día del estudiante" de la Universidad del Zulia, en mención Cuento. En 2009 fue ganador, en la mención Narrativa, del VII Concurso para Autores Inéditos de Monte Ávila Editores (Venezuela) con el libro de relatos *Duendes en mi Casa,* publicado en 2010. Ese mismo año fue finalista del IV Concurso Internacional de Cuento "Ángel Ganivet" auspiciado por la Asociación de Países Amigos (Finlandia). En 2012 recibió la mención honorífica en el III Concurso Nacional de Cuento Contemporáneo de Colombia, organizado por la revista y Centro Cultural *CUATROTABLAS* y participó en la antología de cuentos de dicho concurso, publicada en 2013. A finales de 2014 fue publicada la primera edición de la novela *Los hermanos mayores*, por la Editorial Negro sobre Blanco. Desde 2016 mantiene su blog, laesquinadepoche.blogspot.com, en el cual publica periódicamente reseñas literarias, también publicadas en la página web de la Editorial Negro sobre Blanco.